RIHANNA

FLOR REBELDE

RIHANNA

FLOR REBELDE

CHLOE GOVAN

TRADUÇÃO
Patrícia Azeredo

1ª edição

BestSeller

Rio de Janeiro | 2012

CIP-BRASIL. CATALOGAÇÃO-NA-FONTE
SINDICATO NACIONAL DOS EDITORES DE LIVROS, RJ.

Govan, Chloe
G741r Rihanna: Flor rebelde / Chloe Govan; tradução: Patrícia Azeredo.
— Rio de Janeiro: BestSeller, 2012.

Tradução de: Rihanna: Rebel Flower
ISBN 978-85-7684-601-7

1. Rihanna, 1988-. 2. Cantores - Barbados - Biografia. I. Título.

12-4241. CDD: 927.824166
CDU: 929:78.067.26

Texto revisado segundo o novo Acordo Ortográfico da Língua Portuguesa.

Título original inglês
RIHANNA: REBEL FLOWER

Capa adaptada do original:
Fresh Lemon

Imagens de capa:
www.johnwrightphoto.com; RD/ Kabik/ Retna Digital

Foram feitos todos os esforços para se localizarem os detentores dos direitos autorais das fotografias utilizadas neste livro, mas não foi possível encontrar alguns deles. Nós agradeceríamos se os fotógrafos em questão entrassem em contato conosco.

Capa: Gabinete de Artes

Editoração eletrônica: FA Studio

Impresso no Brasil

ISBN 978-85-7684-601-7

SUMÁRIO

CAPÍTULO 1

DORES DO CRESCIMENTO

Esqueça a cana-de-açúcar: Rihanna é o maior produto de exportação de Barbados, com mais de 15 milhões de álbuns vendidos pelo mundo. Oficialmente a Bajan — gíria local que quer dizer "barbadiana" — de maior sucesso de todos os tempos, a garota que veio de uma cidade pequena com sonhos ambiciosos saiu de sua bucólica ilha para virar uma superstar. Mas como tudo isso começou para aquela que, desde a infância, recebeu o apelido de Flor rebelde?

Rihanna cresceu no que para muitos seria uma ilha paradisíaca perfeita, com ondas azul-turquesa batendo em praias de areia infinita, um litoral digno de cartão-postal que vai até onde a vista alcança, onde o sol brilha o tempo todo e, mesmo à noite, a temperatura dificilmente fica abaixo dos 25° C.

Apesar disso, o sol raramente brilhava no coração de Rihanna. Por trás dessa visão do paraíso estava uma vida de segredos obscuros, traições implacáveis, vício em drogas, violência brutal e sofrimento sem fim.

Ela foi trazida ao mundo por Monica e Ronald Fenty, ambos imigrantes em Barbados. Os ancestrais de Ronald eram colonos irlandeses do lado que perdeu a cruel Guerra Civil inglesa dos anos 1600, tendo sido exilados para a ilha para trabalhar em regime de servidão por contrato.

Supõe-se que, num ato de rebeldia, alguns imigrantes se casavam com os próprios irmãos com o objetivo de manter o sangue puro. Eles odiavam a nova vida de servidão à mercê dos ricos donos de plantações e empregadores que os exploravam. Eles talvez tenham se destacado por terem a pele clara, já que na Irlanda o sol mal lhes tocava o rosto. Mesmo assim, tinham um ponto em comum com os habitantes locais: o ódio às empresas poderosas e aos salários baixos que recebiam.

Para piorar, ao longo dos anos 1900, muitas pessoas fugiram do país devido às altas taxas de desemprego e pobreza. Recusando-se a aceitar a derrota, os ancestrais de Ronald fizeram o oposto e permaneceram no país.

A salvação deles acabou sendo o turismo. Estar cercados por turistas ricos que passavam as férias no local pensando apenas em diversão — um fim de semana hedonista de sol, mar e areia — pode até ter revoltado os trabalhadores locais, mas foi o apelo exótico do litoral de Barbados que salvou a debilitada economia da ilha. O turismo logo superou a cana-de-açúcar e se tornou a principal fonte de renda do país, e, em pouco tempo, um em cada cinco barbadianos estaria empregado nessa área, inclusive alguns dos parentes de Ronald.

A mãe de Rihanna também era imigrante, mas originária da pouco conhecida colônia britânica da Guiana, que possui uma bela paisagem de recifes e florestas tropicais aninhadas bem ao norte do Brasil e ao leste da Venezuela. A origem sul-americana de Monica veio da mãe, afro-americana, que se mudou para Barbados logo após o nascimento da filha.

Em Barbados, Monica conheceu Ronald no ensino médio. A atração foi imediata, mas o relacionamento estava longe de ser um mar de rosas. Aos 14 anos de idade, Ronald já tinha descoberto as tentações da maconha e do crack, mas isso não afastou Monica. Os dois viraram amigos e depois namorados.

Eles se casaram em 1985, ambos com trinta e poucos anos, mas a relação já estava fadada ao fracasso desde o início. Na época, menos de 2% dos casamentos eram "mulatos" (inter-raciais), e esses relacionamentos eram considerados tabus por motivos políticos e sociais. Vários casais do tipo formavam famílias em segredo, mas os pais de Rihanna estavam entre os poucos a declarar publicamente o amor que sentiam através do casamento. Nem todo mundo aprovou, e os dois tiveram de enfrentar olhares, provocações e fofocas constantes — mas isso era o de menos.

A essa altura, Ronald já estava seriamente viciado em drogas. Se Monica acreditava que poderia mudá-lo, ela se enganou terrivelmente. Por mais que ele quisesse parar, o vício tinha tomado conta de sua vida. Os recém-casados moravam em Bridgetown, que, apesar de ser a capital da ilha, era uma comunidade pequena e muito unida. Ronald logo conquistou a fama de *parrow* — gíria barbadiana para "viciado que comete pequenos furtos para comprar drogas".

Na verdade, vários boatos diziam até que as drogas o tinham deixado estéril, o que explicaria o fato de o casal não ter filhos. A prova de que os fofoqueiros estavam errados veio no dia 20 de fevereiro de 1988, quando nasceu a primeira filha do casal: Robyn Rihanna Fenty.

Com dificuldade para lidar com o turbilhão causado pela chegada de um novo integrante na família, Ronald desaparecia de casa para usar crack por vários dias seguidos, deixando a esposa cuidando da filha recém-nascida. Enquanto o pai se drogava e a mãe trabalhava o máximo que podia para manter as finanças da família em dia, Rihanna se distraía de um jeito bem diferente: cantando. Aos 3 anos de idade, ela ficava em pé diante do espelho do quarto com um microfone imaginário ou a escova de cabelo da mãe agarrada nas mãos, cantando "Saving All My Love For You", de Whitney Houston. Para completar, aprendeu as coreografias assim que começou a andar.

Cantar e dançar eram distrações fundamentais para Rihanna se esquivar das brigas cada vez mais intensas dos pais. "Mesmo criança eu sabia que meus pais brigariam quando houvesse papel-alumínio no cinzeiro", revelou em entrevista ao *Mirror*.

Havia também muita violência: em uma ocasião, Ronald chegou a quebrar o nariz da esposa na frente da filha. Rihanna se agarrava às pernas do pai e quebrava copos numa tentativa desesperada de salvar a mãe e evitar os espancamentos. "Eu estava fora de controle", admitiu Ronald ao *Sun*. "Eu magoava minha esposa e meus filhos o tempo todo. Eu não era bom pai, nem bom marido."

Rihanna concordou com essa declaração em entrevista ao *Observer:* "Uma criança não deveria passar por isso. Estar nesse turbilhão é frustrante, deixa você com raiva por estar sendo torturada e não saber o motivo."

Com o passar dos anos, sempre sofrendo com o pai agressor, ela continuava a buscar refúgio na música. Rihanna inspirou-se no som da boate de reggae que a mãe gerenciava na época e virou grande fã de artistas como Bob Marley. Músicas inspiradoras como "No Woman, No Cry", que falava sobre superar uma situação ruim, serviam para tirá-la da depressão.

Era quase obrigatório para uma jovem barbadiana ouvir o máximo de reggae possível; mas, indo contra a maré, Rihanna — ainda conhecida por todos pelo primeiro nome, Robyn — tentou diversificar seu gosto musical. Ela escutava artistas como Shaggy, Diana Ross e Mariah Carey.

"O reggae não era mais suficiente para Robyn", explicou um amigo de infância de Rihanna. "Ela ficava frustrada com o fato de os artistas locais de sega ou reggae não fazerem sucesso fora de Bridgetown e começou a se inspirar mais nos artistas norte-americanos porque eram mais reconhecidos e realizavam seus sonhos. Eles eram famosos no mundo inteiro. As garotas no colégio costumavam criticá-la, dizendo que ela tinha virado as costas para a nossa cultura e que se achava melhor que todo mundo."

A música não era o único motivo pelo qual ela sofria agressões na escola. Rihanna sempre chamou atenção por ter a pele anormalmente clara e os olhos verdes; no ensino fundamental, era alvo de gozações e chamada de "porca feia".

Mas a música dominava a vida de Rihanna: não importa se estivesse tocando Bob Marley, Destiny's Child ou algum desconhecido grupo barbadiano de sega, ela cantava junto — e bem alto. Rihanna cantava na cantina da escola, na praia, em varandas e até em casa, no chuveiro, o que lhe causou alguns problemas. Os vizinhos talvez tivessem vergonha de mencionar as brigas quase diárias que descambavam para a violência física e os gritos que ecoavam pelas paredes extremamente finas da casa — a violência doméstica era outro tabu —, mas não se sentiam tão constrangidos para reclamar da cantoria de Rihanna.

"A gente costumava chamá-la de Robyn Red Breast [pisco-de-peito-ruivo]", brinca Dawn Johnson, vizinha de Rihanna por muito tempo, em entrevista ao *Sun* "Ela estava sempre cantando, igual a um passarinho. A gente morava tão perto que dava para ouvi-la cantando no banheiro."

Embora Dawn se lembre da voz dela com carinho, outros não eram tão simpáticos. A amiga de infância de Rihanna continua: "As pessoas zombavam dela, mandavam-na calar a boca e quase chegaram ao ponto de reclamar com os pais dela. Não sei se ela gostaria que eu contasse, mas ela chorou mais de uma vez por causa disso. Cantar deveria ser algo natural, mas eles faziam com que se sentisse mal, e ela era obrigada a disfarçar e a se controlar. Não era só o pai que a reprimia."

O pai de Rihanna era imprevisível devido às alterações de humor relacionadas ao uso de drogas, mas — por ironia do destino — a música acabou sendo a única forma de ligação entre os dois. Ele prestou atenção na voz de Rihanna pela primeira vez quando ela tinha 7 anos de idade e cantou "A Whole New World", da trilha sonora do filme *Aladdin*. "Eu estava na sala e ouvi uma voz de anjo que vindo da varanda", relembrou ele ao *Sun*. "Fui olhar e era a Rihanna. Meu coração deu um pulo. Foi quando eu percebi que ela era especial."

Acreditando que Rihanna tinha herdado o talento vocal de seus pais, Ronald começou a prestar mais atenção à filha, e os dois ficaram mais unidos. "Eu ainda lembro nitidamente de todos os bons momentos, de brincar com ele na praia e catar caranguejos", disse Rihanna ao *Mirror* sobre essa época. O vício do pai também parecia ter diminuído, mas, por trás desses breves momentos de felicidade, uma tempestade estava se formando. Ela tinha o amor e a aprovação do pai por enquanto — mas até quando?

Não demorou muito para que o destino dela mudasse mais uma vez. Até definir quem tinha sido o responsável pelo talento de Rihanna virou motivo de disputa. "A mãe diz que Robyn herdou isso dela, mas eu sei que o talento vocal veio de mim", gabou-se Ronald em entrevista. Os pais dele tinham sido ótimos cantores, tendo se apresentado profissionalmente.

Nessa época, Ronald tinha largado o emprego de supervisor de um depósito e assumira o papel de dono de casa enquanto Monica lutava para sustentar a família com o baixo salário que ganhava. Rihanna passou a ver mais o pai e percebeu que nem sempre gostava muito do que via.

"Eu já tinha visto ele com maconha, mas não sabia o que era", relembrou a cantora ao *Daily Mail*. "Eu só sabia que minha mãe não gostava, e que eles estavam sempre brigando por causa daquilo. Minha mãe era uma mulher muito forte e tentava nos proteger o máximo que podia. Mas ela trabalhava e ele ficava em casa, então não dava para esconder certas coisas da gente."

Durante as brigas, que voltaram a ser mais frequentes, Rihanna sentava-se na escada com os olhos fechados e punhos cerrados, repetindo em voz baixa: "Nunca vou namorar um cara igual ao meu pai; nunca!", com lágrimas escorrendo pelo rosto. Quando o efeito das drogas passava, o pai ficava irritado até com o som de alguém chorando, por isso ela aprendeu a disfarçar seu sofrimento. Vivendo com medo constante de novas agressões, a última coisa que ela queria era provocar um novo surto de violência do pai.

Além do mais, na cultura barbadiana, "lavar a roupa suja" em público não era aceitável, e algo polêmico como a violência doméstica deveria ser um segredo muito bem-guardado. "Em Barbados, a gente não fala [sobre agressões]. Lidamos com isso dentro da família e seguimos em frente", revelou Rihanna sem rodeios ao *Observer*. Ela acrescentou ainda: "A violência doméstica é um grande segredo. Nenhuma criança sai por aí contando que seus pais brigam."

Mas ficava cada vez mais difícil lidar com o que ela sentia. A mãe, magoada, fazia comentários venenosos quando passavam por mendigos na rua. "Estávamos andando na rua com as crianças e vimos um cara dormindo na calçada", contou Ronald ao *Sun*. "A mãe de Robyn lhe disse: 'Seu pai vai acabar assim.' Eu não queria que meus filhos me vissem dormindo na calçada, então comecei a mudar." Porém, o vício já controlava a vida dele, e a tentativa de abandoná-lo aconteceu tarde demais.

Aos 9 anos de idade, Rihanna involuntariamente causou a separação dos pais, quando pegou Ronald no flagra. Dessa vez não foi um simples papel-alumínio no cinzeiro que lhe chamou a atenção, mas sim um cachimbo de crack na boca do pai. Ele tinha prometido à esposa que largaria as drogas, mas mesmo sendo uma criança inocente, Rihanna sabia que não era fácil assim. Apavorada, ela viu o pai fumando por uma fresta na porta da cozinha e percebeu que precisava fazer algo. Foi uma decisão difícil para Rihanna, mas, mesmo tendo consciência de que isso deixaria a mãe arrasada, ela sabia que precisava contar o que vira. Ronald saiu de casa poucos dias depois.

"Eu só sei que meus pais sempre brigavam se tivesse papel-alumínio no cinzeiro", relembrou Rihanna à revista *Giant*. "Ele ia ao banheiro o tempo todo. Eu não sabia por quê. Não sabia mesmo. Achava que era normal. Aí ele usou de novo, e eu contei para ela. Falei, 'Mãe, ele fez aquele negócio do isqueiro de novo...'"

A culpa por ter sido descoberto pela filha trouxe Ronald de volta à realidade de forma bombástica. Ele declarou ao *Sun*:

"Virei, olhei Rihanna nos olhos e instantaneamente saí da onda em que estava. Eu a vi correr para a mãe, perguntar algo para ela, e em seguida as duas começaram a chorar. Eu não fazia ideia de que ela estava me vendo. Foi o fundo do poço para mim. O mundo simplesmente parou, e eu percebi como tinha sido idiota."

Monica ficou furiosa pelo fato de a inocência da filha ter sido destruída ainda tão cedo e decidiu expulsá-lo de casa de uma vez por todas. Não haveria mais volta, ela não esperaria mais que ele largasse o vício.

"Isso magoou muito a mãe dela", revelou um amigo íntimo. "Ela odiava a ideia de que Robyn pudesse achar aquilo normal e um dia começasse a usar também. Ela sempre tentou proteger a filha desse tipo de coisa. Era frequentadora assídua da igreja, então o que ele fazia ia contra tudo o que ela acreditava. Mas eu me lembro da Robyn se sentindo muito culpada — ela achava que por ter sido ela que o flagrara, era culpada por ele ter ido embora. Ela achava que, se tivesse ficado de boca fechada, ele ainda estaria em casa. Na cabeça da Robyn, ela tinha perdido o pai, e era tudo culpa dela. Ela não conseguia suportar essa ideia."

Enquanto tentava lidar com a culpa, ela passou a sentir raiva. "Eu o odiava", confessou Rihanna ao *Guardian*. "Uma das minhas amigas de escola mais chegadas sabia de tudo e sempre dizia: 'Você não pode odiar seu pai', você tem de amá-lo porque, afinal de contas, ele é seu pai. Eu ouvia aquilo e tentava seguir esse conselho, por mais difícil que fosse."

O conselho da amiga fez com que Rihanna voltasse a se sentir culpada. Ela começou a questionar se a separação dos pais ocorrera devido a seu erro de julgamento, por ela ter avisado a mãe sobre o uso de crack, quando poderia ter feito vista grossa.

Rihanna passou a sofrer diariamente de enxaquecas intensas, deixando a mãe em pânico por temer que a filha estivesse com um tumor no cérebro. Na verdade, ela estava reprimindo os sentimentos e sucumbindo ao de estresse.

"Eu estava guardando muita coisa dentro de mim", confessou à revista *Giant*. "Eu não chorava nem fazia nada em relação àquilo, então isso acabou afetando [a minha cabeça]. Eu ia à escola como uma criança normal. Ninguém sabia que eu tinha um problema. Estava sempre com um sorriso no rosto, mas isso começou a me afetar." Apesar da alegria exterior, Rihanna estava sempre chorando por dentro.

O que a entristecia era o fato de ainda amar o homem que a agredira. "Algumas das experiências mais marcantes de minha infância foram com ele", desabafou ela ao *Daily Mail*. "Ele me ensinou a nadar, a pescar e a andar de bicicleta. Foi ele que fez de mim uma pessoa forte e preparada para enfrentar o mundo."

Para quem via de fora, criar uma filha tão forte deveria fazer de Ronald o pai perfeito, quando, na verdade, Rihanna precisava ser forte devido ao sofrimento que o vício em drogas de Ronald tinha causado à família. O fato de ela adorar o pai tornava ainda mais difícil aceitar as falhas dele; mas, sentindo que a partir daquele momento não poderia mais confiar nele para mostrar o que era certo e errado na vida, ela decidiu educar a si mesma.

"Acho que isso fez com que eu ficasse muito independente", admitiu ela ao *Observer*. "Sou muito forte... Eu sempre fora a queridinha do papai. [Aí] eu descobri quem estava agindo certo e quem estava agindo errado, e passei a ser a queridinha da mamãe."

Na verdade, Rihanna levou tão a sério esse papel que virou a "segunda mãe" da família, atuando como mãe substituta para os irmãos mais novos, Rorrey e Rajad, nascidos em 1989 e 1998, respectivamente. Ronald tinha apelidado a jovem Rihanna de

Rosinha, porque ela amava roupas dessa cor, mas essa paixão não durou muito. Era o momento de criar a *persona* de garota forte, e isso definitivamente não combinava com tons de rosa.

Talvez Rihanna tivesse medo de ser uma jovem flor delicada, a garotinha feminina que se vestia com cores suaves, porque a feminilidade trazia lembranças dolorosas da mãe e do que ela tinha sido obrigada a enfrentar enquanto resistia em um relacionamento que envolvia agressões físicas. Rihanna não queria cometer os mesmos erros. Inconscientemente ela pode ter achado melhor se livrar da imagem feminina arquetípica, rejeitando a dor que ela viu a passividade causar. Em pouco tempo, a avó materna passou a chamá-la carinhosamente de Flor Rebelde.

Durante esse processo de mudança, Rihanna também viu a mãe se transformar de uma aterrorizada e oprimida mãe solteira numa profissional forte e independente, determinada a ser bem-sucedida pela família. Monica fez cursos de contabilidade e trabalhava longas horas extras, deixando Rihanna responsável por tomar conta da casa e das crianças. Se isso significava que seus filhos não veriam — ou consumiriam — crack, ela achava que não havia outro jeito.

"Meu pai foi expulso de casa... porque ela não queria aquilo perto da gente", recordou Rihanna ao *Observer*. "Minha mãe teve que ser mulher e homem, trabalhando arduamente por nós."

Nessa época, a trilha sonora de Rihanna rumo ao escapismo era o grupo Destiny's Child, e a música "Independent Women" gerou uma identificação especial. Ela via a mãe lutar para criar três filhos e ganhar dinheiro suficiente para sustentar a família, enquanto sentia o peso da separação. Por ver de perto como isso era difícil, ela passou a ter como ídolos mulheres fortes, principalmente a mãe. "Nunca tive consciência de que éramos pobres", contou à revista *Glamour*. "Minha mãe nunca fez com que a gente se sentisse assim. Ela me amava incondicionalmente. Ela nos fez acreditar que tudo era possível e me passou muita confiança."

Mas a rotina frenética da mãe colocava muita pressão em Rihanna. "[Minha mãe] trabalhava muito. Ela quase não parava em casa — quer dizer, ela estava em casa, mas só depois do trabalho, tarde da noite, então eu cuidava [do irmão caçula Rajad], que era meu melhor amigo. Ele pensava que eu era a mãe dele!"

Enquanto isso, a relação de Rihanna com seu outro irmão, Rorrey, geralmente envolvia pegar as roupas dele emprestadas. Ela pegava as calças *baggy* e os tênis dele assim que tirava o uniforme da escola. "Eu usava as roupas do meu irmão, vestido com tênis, ou então andava descalça mesmo", confessaria ela depois.

Seus trajes também não seguiam exatamente o padrão que a mãe considerava adequado a uma "jovem dama". "Eu sempre arrumava problema com a minha mãe. Ela dizia coisas para me assustar, como 'Você vai acabar se machucando!', mas eu não conseguia mudar: subia em árvores, roubava mangas, caçava passarinhos, essas coisinhas bobas que divertiam a gente na época." Rihanna ainda era uma flor, mas, como toda rosa, começava a mostrar os espinhos.

Assim como Katy Perry, Rihanna parecia desejar ser "um dos caras", mas apesar de seu estilo "molecona", eles não estavam dispostos a aceitá-la no mundinho masculino. "Minha prima e eu éramos as únicas meninas do grupo", relembrou ela. "A gente tinha de se virar sozinha porque os meninos não queriam a gente por perto."

Se a relação com os meninos era tensa, isso não era nada comparado à forma como Rihanna era vista pelas meninas. As reações agressivas aumentavam cada vez mais à medida que ela ficava mais velha, deixando-a furiosa. "[O preconceito] me dava raiva", contou à revista *InStyle* sobre as provocações e ofensas que recebia devido à cor de sua pele. "Quando eu era mais nova, me dava vontade de brigar. Ter pele mais clara não era um problema em minha vizinhança, mas virou motivo de chacota quando comecei a estudar, o que a princípio me deixou muito confusa. Nos primeiros seis anos de escola, eu voltava para casa traumatizada. Os ataques continuaram até o fim do ensino fundamental."

Para piorar, ela também não recebeu muito apoio quando, anos mais tarde, decidiu revelar o que tinha sofrido à imprensa. "Por que você sempre fala tão mal dos caribenhos?", reclamou uma garota com o apelido Shanakay no blog OutAroad em resposta a um texto contando que Rihanna fora agredida na escola por ter pele mais clara que a dos outros colegas. "Você deveria ter orgulho de suas raízes." Outra fã chamada Nelly acrescentou: "Parece que você nunca tem algo de bom para dizer sobre seu país ou sua família; muitas crianças caribenhas passam por isso porque somos um país miscigenado, seja com índios, espanhóis ou chineses. Pare de dizer que sua vida em Barbados foi horrível, porque todos nós sabemos, Robyn, que não foi bem assim."

Além disso, Rihanna se viu involuntariamente jogada no meio de um debate sobre etnias, com uma anônima insistindo: "Você é uma estrela justamente porque tem pele clara. Ou você acha que é a única jovem barbadiana que sabe cantar? Essa é a regra neste mundo de mentalidade escravista em que ainda vivemos, Rihanna."

Os amigos de Rihanna vieram em sua defesa: "Ela nunca se achou melhor do que ninguém, como estão dizendo por aí", rebateu um deles. "É que algumas garotas são muito sensíveis a essa questão de etnia no Caribe. Elas pensaram que os comentários de Rihanna davam a entender que ela se achava superior, e isso as ofendeu porque estavam tentando superar os próprios problemas e a sensação de 'ah, mas para *ela* deu tudo certo'." Mas as meninas de pele mais clara realmente tinham uma vida mais fácil? "Não necessariamente, mas a impressão era essa."

Obviamente, crescer numa terra ensolarada estava longe da infância idílica que muitos imaginavam. Com a mistura de raiva contida em relação aos que lhe atacavam e sofrimento com o que acontecia em casa, Rihanna sentia o peso do mundo nas costas. Suas dores de cabeça aumentaram, ficando tão fortes que, por volta dos 9 anos de idade, ela começou a desmaiar com frequência.

Ela foi internada para uma série de exames no cérebro, que continuaram acontecendo por vários anos. "Eu não chorava. Não me irritava. Estava tudo ali, em minha cabeça", revelou ela ao site Contact Music. "Fiz um monte de tomografias. Até acharam que era um tumor, porque a dor era muito forte. Não são lembranças boas, mas me ajudaram a ser quem sou e me deixaram mais forte."

Não foi uma época fácil para Rihanna, e foi um grande alívio quando ela se formou e entrou para a Combermere, uma escola mista e pequena, com apenas mil alunos.

A atmosfera na escola secundária mais antiga de Barbados se mostrou um pouco mais tranquila. "Não houve agressões relacionadas à aparência dela [em Combermere]", disse outro amigo íntimo, Cheyne Jones. "Isso é boato."

Rihanna se acalmou e virou uma excelente aluna, tendo matemática e química como matérias favoritas. Ela também sonhava fazer faculdade de psicologia para entender melhor seus amigos, inimigos e obviamente os falsos amigos.

"Sempre levei jeito para perceber como são as pessoas", contou ela ao *Observer*. "Quando conheço alguém ou me encontro em uma nova situação, a primeira coisa que faço é ficar quieta por alguns instantes. Presto atenção, fico observando. Ser capaz de interpretar as atitudes das pessoas ajuda a saber como é fácil ser interpretada pelos outros. Sei as principais características que mostram a verdadeira personalidade das pessoas... As pessoas são superficiais, desonestas. Não dá para confiar nelas. [A psicologia] realmente me ajuda muito a entender como participar desse jogo."

Mas a psicologia era só um plano B. No fundo, ela sabia que queria ser cantora. Enquanto sonhava em ser uma estrela, Rihanna complementava a renda da família montando uma barraquinha na feira, tendo como inspiração o negócio de bugigangas do pai.

"Ela costumava vender coisas na rua, como eu", revelou o pai ao *Sun*. "Ela saía da loja, montava uma barraquinha e vendia chapéus e echarpes. Também comprava doces, colocava-os em embalagens, levava para a escola e vendia para os amigos para ganhar um dinheirinho."

Imaginando que ela seria empreendedora quando crescesse, ele ficou chocado ao descobrir o quanto a carreira artística era algo sério para a filha. "Ela gostava de dançar e tinha um ritmo natural, mas não participava das peças da escola e tal, então foi uma surpresa para mim", relembrou.

Embora o pai quisesse um futuro de empresária e não imaginasse que ela fosse fazer sucesso no mundo da música, Rihanna sabia exatamente o que queria. "Eu desenvolvi uma paixão, cantando e ouvindo rádio o tempo todo. Ser cantora se tornou um sonho para mim", explicou ela ao *Guardian*. "Eu queria ser igual à Mariah Carey. Queria fazer música que o mundo inteiro gostasse."

Mas houve um obstáculo nessa jornada. O pai, há muito afastado, voltou para a família, prometendo abandonar as drogas de vez. Porém, era tarde demais para salvar o casamento, então ele e Monica finalmente se divorciaram quando Rihanna tinha 16 anos. Por algum tempo, no entanto, Rihanna adorou tê-lo de volta em casa, mesmo vivendo em constante medo de outra briga. Ela precisava desesperadamente de distração, de uma válvula de escape para toda aquela tensão. Por isso, aos 12 anos de idade, decidiu participar do acampamento de verão organizado pela Barbados Cadet Corps.

Foi o refúgio ideal para canalizar toda a ansiedade e a agressividade. De acordo com crenças populares, esse era um dos cursos para jovens mais difíceis de todo o Caribe, se não do mundo. Como seus fundadores alertaram, "Este programa é propositalmente intenso, os horários serão rigorosamente cumpridos e o padrão aqui é muito alto."

O rigoroso programa de treinamento incluía um teste de sobrevivência em que os cadetes eram desafiados a montar barracas na floresta e cozinhar usando uma fogueira. A forma física deles seria posta à prova com aulas regulares de natação, ciclismo e corrida. Mas o maior teste de resistência para quase todos os cadetes era o desafio de orientação, que envolvia planejamento de rota, passagem por terreno irregular e leitura de mapas estando-se em movimento. Para piorar, havia marcação de tempo para avaliar a velocidade com que os cadetes se orientavam. Além disso, um grupo de meninos e meninas também treinaria tiro com uma espingarda calibre .177.

Porém, como recorda uma amiga, Rihanna não teve o menor problema para se adaptar aos desafios de ser uma cadete. "Robyn era muito inteligente. As pessoas achavam que a melhor amiga dela, Sonita, se destacaria porque pretendia fazer medicina e estudava muito. Não só a Robyn adorava uma farra como também era vista por algumas pessoas como apenas mais uma bonitinha sem cérebro. As pessoas a desprezavam, achavam que ela era avoada, mas esse definitivamente não era o caso."

A amiga continua: "Ela era ótima para ler mapas, então imagine essa garota linda que parece uma modelo deixando todo mundo de boca aberta quando atirava com mais precisão do que qualquer garoto. Ela não era o que esperavam que fosse mesmo naquela época."

No entanto, Rihanna lutou para aceitar seu papel na hierarquia dos cadetes. Como uma modesta cadete júnior, ela tinha de obedecer às garotas de patentes mais altas. E ficaria à mercê delas assim que cometesse o menor erro.

Uma dessas mulheres era a formidável Shontelle Layne — atualmente a cantora e compositora conhecida apenas como Shontelle —, que era instrutora militar da equipe. "Imagine eu e a Rihanna usando farda, coturno, rastejando na lama e coisas do tipo", contou Shontelle posteriormente à BBC Entertainment. "Eu tinha de lhe dar ordens. É o que instrutores militares fazem. A gente manda nos cadetes e os obriga a fazer flexões, especialmente quando eles se atrasam para a formação."

Infelizmente para Rihanna, isso acontecia várias vezes. Embora Shontelle diga que ela "não era uma das assustadoras" e que "não abusava da minha autoridade", havia consequências para uma garota que ousasse chegar atrasada.

"Um dia eu era a instrutora de plantão quando tocaram a corneta, e todo mundo tinha de se reunir no local de formação", contou Shontelle ao *Mirror*. "Todos estavam lá, e eis que surge Rihanna — Senhorita Robyn Fenty —, chegando atrasada e bem lentamente com alguns amigos. O primeiro-sargento estava lá, então eu sabia que precisava discipliná-los. Dei a ordem para que eles pagassem dez flexões."

Mas como a instrutora secretamente simpatizava com Rihanna, acabou pegando um pouco mais leve do que o normal. Ela confessou: "Se tivesse sido outra pessoa, eles teriam que pagar cinquenta flexões."

Shontelle achava que sabia o motivo dos atrasos constantes da amiga: a preocupação dela com a aparência. A ex-instrutora militar declarou com bom humor à revista *Lime*: "Ela costumava andar arrumada o tempo todo. Como agora Rihanna é uma diva, ela está sempre linda e glamourosa. Mas na verdade ela sempre foi assim e se atrasava o tempo todo porque ficava no banheiro conferindo se o gloss estava bem brilhante."

Rihanna estava mostrando exatamente por que a avó tinha lhe apelidado de Flor Rebelde: ela era forte, irritável e contestadora, mas fazia questão de estar sempre bonita.

"Ela é muito engraçada", continua Shontelle. "Na época, dizia: 'Não quero nem saber se estou de farda, quero ser a pessoa mais estilosa daqui!' Mas, como ela estava atrasada, eu falava: 'Rihanna, pague dez flexões agora!' Não podia deixar passar."

Contudo, a vaidade de Rihanna foi útil para uma coisa: os cadetes ganhavam pontos extras se tivessem aparência impecável na competição do treinamento, que dava um terço do total de pontos caso a "inspeção de cadetes e uniformes" fosse bem-sucedida. De acordo com Shontelle, nesse quesito Rihanna definitivamente mereceu a nota. "No acampamento de cadetes, a aparência é importante", explicou ela ao site Hollywood Life. "Você precisa estar com os sapatos brilhantes. Botões, fivelas do cinto, tudo precisa estar alinhado. Ela era naturalmente assim e foi uma ótima cadete."

Sem que Rihanna e Shontelle soubessem uma da outra, as duas companheiras e princesas do Exército nutriam uma paixão pela vida artística e ensaiavam nas horas vagas, entre quatro paredes. Além disso, quando os treinamentos acabaram, os amigos de Rihanna insistiram para que os papéis se invertessem, e Rihanna se tornou o centro de seu círculo social.

"Ela se destacou mesmo", recorda um amigo. "Ela era muito tranquila. Acho que a Shontelle ficava realmente admirada com ela nos bastidores. Além disso, Robyn tentava ser diferente. Todos os cadetes precisam parecer idênticos, mas ela sempre dava um jeito de se destacar na multidão, seja por um gloss de cor diferente ou só pela atitude. Ela definitivamente não era do tipo que passava despercebida."

E Shontelle de fato confessou ao *Mirror*: "Eu sabia que ela ficaria famosa, mas sempre achei que a Robyn seria modelo ou algo assim. Ela é linda." Rihanna já tinha sido escalada para o papel de modelo de passarela por ser alta e ter pernas compridas, mas, apesar disso, ela conseguiu a fama de uma personalidade digna de respeito. Sua experiência no acampamento certamente a deixou mais forte. "As pessoas dizem, 'Ah, Rihanna... ela é uma Barbie'," continua Shontelle. "Não mesmo. Ela é bem pé no chão."

Rihanna provou seu valor ao completar o árduo acampamento de verão com resultados excelentes nos exercícios de tiro, precisão militar e até na corrida de cinco quilômetros. Mas também havia áreas menos difíceis a serem enfrentadas. O debate era estimulado por meio de um discurso público, em que os cadetes davam sua opinião a partir de propostas como: "Discuta os prós e contras da invasão cultural estrangeira em seu país", ou "Discuta o impacto das doenças associadas ao estilo de vida sobre os jovens de seu país". O primeiro questionamento foi embaraçoso para Rihanna por ter sangue miscigenado, com ancestrais irlandeses da cidade de Sligo. Enquanto isso, ao contrário das expectativas rígidas do treinamento militar, Rihanna já estava envolvida no que alguns barbadianos conservadores considerariam uma "doença associada ao estilo de vida". Ela começou a ir para farras constantes desde os 14 anos de idade.

"Aos 14 anos eu saía e ficava bêbada, mas isso é o que as adolescentes fazem em Barbados. O país é bem liberal quanto à idade permitida para beber, mas eu nunca passei do limite. Eu não fazia exatamente o estilo da Amy Winehouse, porque vi o que o álcool e as drogas fizeram com meu pai e eu não seguiria os passos dele. Eu sabia meu limite quando era mais nova."

Ela acrescentou: "Se eu vou para uma boate, é pela música. Eu saio para me divertir, dançar e rir das pessoas que brigam ou se vestem feito peruas. Posso até tomar alguns drinques, mas não ficava embriagada com facilidade. Nunca cheguei ao ponto de querer vomitar, não conseguir parar em pé ou dizer algo de que fosse me arrepender no dia seguinte."

Embora beber aos 14 anos de idade possa ser tolerado na ilha, nem todos apoiavam o novo estilo de vida que ela levava. Rihanna ia à igreja regularmente quando criança e morava perto de algumas famílias muito religiosas, para quem até mesmo ouvir calipso era proibido, mas lá estava ela bebendo rum e dançando com a mesma avidez. Se isso lhe causou algum problema, ela estava se divertindo demais para notar.

A boate favorita dela era a Boatyard, local que nunca fechava, frequentado 24 horas por dia tanto por turistas quanto por habitantes locais. Durante o dia, ela almoçava frutos do mar e mergulhava com os amigos ou tomava sol ao redor do clube, que ficava de frente para a praia. À noite, contudo, o clima era de festa, com drinques baratos e uma mistura de reggae, hip-hop e R&B no último volume. Mas havia um preço a se pagar por esse estilo de vida liberal.

De acordo com um conhecido de Rihanna, ela logo ganhou fama de promíscua. "Ela era menor de idade e ia para as boates tentar ficar com caras mais velhos", revelou a fonte ao Media Takeout, "mas quase nunca dava certo porque ela tinha uma pele horrível".

Na verdade, Rihanna já tinha dois namorados. Embora as coisas não tenham chegado ao nível íntimo com nenhum deles, a adrenalina gerada pela infidelidade a distraía de sua difícil vida doméstica, até que ela acabou se sentindo culpada demais para continuar e confessou a traição.

O relacionamento com o namorado mais sério acabou rapidamente, mas ela nunca parou de frequentar boates. Durante sua fase de menina moleque, suas amizades eram quase exclusivamente com meninos, e isso, somado às farras constantes, alimentou os rumores de que ela estaria dormindo com vários deles. Até a mãe de Rihanna desconfiou de suas amizades com o sexo oposto. "Eu não me relacionava muito bem com as pessoas", explicou Rihanna à revista *Interview*. "Eu me dava bem com os garotos, mas detestava as garotas e os professores. Foi assim que eu adquiri o meu estilo... Todos os meus amigos, mesmo os que não estudavam comigo, eram homens. Minha mãe não entendeu isso por um bom tempo. Tinha sempre um garoto diferente batendo lá em casa, e ela provavelmente tinha uma ideia bastante equivocada do que estava acontecendo."

E a mãe não era a única a pensar assim. Rihanna foi vítima de boatos espalhados pelas garotas da região, que alegavam que ela era uma vadia que dormia com todos os garotos que encontrava. Rihanna, porém, insistia que ainda era virgem. A mãe superprotetora até a proibiu de sair de casa, tentando impedir uma eventual gravidez na adolescência. A sorte de Rihanna só mudou quando ela fez amizade com uma garota mais velha na escola, Melissa Forde, de quem a mãe gostava e em quem confiava.

"Quando Melissa chegou à escola, ela logo se destacou", disse Rihanna, com entusiasmo, à revista *You*. "Ela era uma negra de cabelo louro que usava maquiagem; isso era proibido, então ela era a única garota da escola que usava maquiagem."

Ela contou mais à revista *Seventeen:* "A gente se deu bem logo de cara. Era uma época em que eu não tinha amiga alguma, nem ela. Melissa foi minha primeira amiga de verdade... Eu me sinto muito bem quando ela está por perto. Sinto como se ela fosse meu anjo da guarda."

Não só a aparência nada convencional de Melissa era parecida com a da mestiça Rihanna, como ela também apresentou a feminilidade à nova amiga. Embora a mãe de Rihanna tivesse trabalhado como maquiadora, transformando com maestria o rosto das mulheres da região, ela proibira a filha mais nova de brincar com os produtos que tanto amava.

Para piorar, Rihanna tinha uma meio-irmã mais velha, Samantha, que queria ser modelo — um dos três filhos de três mães diferentes, frutos do passado problemático do pai —, e a mãe de Rihanna a maquiava para os desfiles, enquanto a mais nova só podia assistir.

"Eu adorava maquiagem e sonhava em ser modelo desde criança", revelou Rihanna. "Eu ficava fascinada vendo minha mãe passar batom, blush e rímel."

Esse desejo tinha sido deixado de lado durante sua fase de menina moleque — porque a mãe se recusava a deixar Rihanna testar seus produtos —, mas Melissa estava ajudando a reavivá-lo. "Ela aparecia lá em casa com revistas da irmã mais velha, que a gente olhava e dizia, 'Olha, a gente pode fazer algo assim!'. Foi aí que eu comecei a gostar mesmo de moda e maquiagem."

A amizade com Melissa a deixou tão feminina que ela até deixou de ser cadete. "Eu falei: 'Isso é horrível! Eles ficam gritando comigo, não gosto disso!'", morrendo de rir com a lembrança. Para se despedir, Rihanna se inscreveu no International Cadet Concert, onde apresentações de música e dança rendiam pontos. De acordo com as regras, os juízes se concentravam em "profissionalismo, talento, desempenho e confiança pessoal". Foi uma aparição breve, mas serviu para lembrar Rihanna o quanto ela amava cantar.

Ela montou um grupo chamado Contrast com duas amigas que também adoravam música, Kelenna Browne e Jose Blackman. O nome foi escolhido porque as garotas vinham de etnias diferentes, e a intenção era simbolizar a diversidade da ilha. O trio ensaiava músicas do grupo Destiny's Child e de Mariah Carey religiosamente todo fim de semana e sonhava com a fama e fortuna muito distantes.

Contudo, Rihanna estava ficando cada vez mais frustrada com a falta de oportunidades para ser cantora em seu país. Ela adorava viver lá. Rihanna chegou a dizer numa entrevista à revista *Interview* que sua infância "foi perfeita... A gente passava o dia todo na praia, e era verão o ano inteiro". Mas ela também sentia que a vida não era só aquilo. Por mais que ela vivesse e respirasse música, fosse talentosa e buscasse a fama, sua chance de sucesso morando numa cidade pequena de Barbados era de uma em um milhão. A cena reggae e sega em seu país era dominada pelos homens, e, além disso, Rihanna não queria ser apenas um sucesso local, mas famosa no mundo inteiro.

No entanto, o número de artistas barbadianos que estouraram internacionalmente era quase nulo, porque a maioria dos produtores influentes morava nos Estados Unidos. Seria preciso mais do que alguns ensaios e shows locais, mas ela estava determinada. "Ver artistas como B2K e JoJo estourando ainda jovens me inspirou", contou ao *Honolulu Advertiser*. "Se todos esses adolescentes conseguiam, então eu também poderia conseguir."

Seu instinto competitivo aumentou — não só ela queria estourar nos Estados Unidos, como queria fazê-lo de um jeito que mostrasse Barbados ao mundo. Felizmente, um produtor que morava nos Estados Unidos, Evan Rogers, estava de férias em Bridgetown e, como a esposa dele nascera na cidade, já conhecia o estilo musical de Barbados. A amiga de Rihanna, Kelenna, usou os conhecidos da mãe para convencer um amigo da esposa de Rogers a conseguir um teste com ele.

Dois meses antes do aniversário de 15 anos de Rihanna, a vida dela estava prestes a mudar para sempre. Mal sabia ela que conseguir o resultado que tanto queria poderia forçá-la a escolher entre a carreira e sua melhor amiga. Foi o dia em que os sonhos se realizaram, mas também aquele em que seu coração seria partido. Havia chegado o momento do teste.

CAPÍTULO 2

ILUSÕES DE GLAMOUR E GRANDEZA

Evan Rogers, o homem que Rihanna esperava ser capaz de mudar sua vida, era um renomado criador de sucessos que atuava na cena R&B e pop desde os anos 1980. Além de ter um single que foi primeiro lugar nas paradas com seu grupo, Rhythm Syndicate, ele também compôs para artistas como Eternal, Jessica Simpson, Christina Milian e a ex-Spice Girl Emma Bunton. Também foi autor de quatro músicas de um álbum do Boyzone, *Where We Belong* — que foi disco de platina seis vezes —, antes de compor para o N'Sync, cujo álbum de estreia vendeu 10 milhões de cópias apenas nos Estados Unidos.

Evan planejou a carreira de Christina Aguilera desde o começo e fez parte da equipe que a tirou do anonimato, transformou suas músicas em sucessos mundiais e tornou o rosto dela conhecido. Ele mostrou que um bom ritmo é o caminho para conquistar seu coração quando — assim como seu sócio Carl Sturken — se casou com uma barbadiana apaixonada por música. Esse foi o início de seu caso de amor com a música caribenha. Agora cabia ao Contrast mostrar que eles tinham o estilo que prometiam.

Rihanna pesquisou a carreira de Evan e secretamente esperava que ele fizesse por ela o mesmo que tinha feito por Christina Aguilera. É verdade que ele jamais tinha produzido uma canção de reggae e que as baladas pop e canções de amor melosas de sua autoria não eram necessariamente o que Rihanna gostava, mas ela estava empolgada para conhecê-lo — e o sentimento era mútuo.

Ele convidara Kelenna, Rihanna e Jose para o teste em sua vila no hotel Sandy Lane, que também era o local favorito de Robbie Williams e Simon Cowell. O hotel tinha uma reputação inigualável de ser o mais luxuoso da ilha, atraindo uma mistura de celebridades, moças que gostavam de farra e tinham uma fortuna de seis dígitos para gastar e figurões da indústria da música querendo relaxar e se inspirar com os ritmos da atualidade. E a mansão de Evan era a maior do local, uma elegante construção no estilo do arquiteto italiano Andrea Palladio com mais de 650 metros quadrados de área, uma piscina particular no jardim e um estoque quase ilimitado de champanhe.

Vinda de uma vizinhança modesta, "um pouco abaixo da média", Rihanna nunca tinha visto tanto luxo na vida. Para ela, esse hotel era um mundo de extravagância e luxo desconhecidos — embora ela não achasse difícil se acostumar àquilo. A diária no hotel custava em média mil libras por noite, e a de Evan custara muito mais. Só por esse motivo Rihanna sabia que ele tinha tanto os contatos quanto o dinheiro necessários para dar a qualquer garota que escolhesse a oportunidade de ser uma estrela. Essa era a grande chance dela.

O site do hotel afirma que o local é "o endereço mais importante do Caribe, um refúgio de tranquilidade, ótimo para um descanso a dois ou o lugar perfeito para famílias que desejam ter as melhores férias de sua vida". Para Rihanna, não era nada disso. Sua ida pela primeira vez ao local foi basicamente uma experiência de embrulhar o estômago, em que ela ficou com o coração na boca e as mãos trêmulas porque sua carreira dependia desse único teste. Ela se sentia como o grupo de rap So Solid Crew, que teve apenas 21 segundos para impressionar os produtores, pessoas que fariam um julgamento quase instantâneo do potencial deles. "Eu estava muito nervosa", admitiu ao *Observer*. "Essa era a minha ligação com aquele mundo imenso que parecia inalcançável."

Mas ela não precisava ter se preocupado. Evan teve duas oportunidades de ouvi-la cantar, individualmente e em grupo, com as duas amigas, e ele adorou sua apresentação nas duas ocasiões. O produtor sempre tivera uma queda pelo visual quente e exótico de Barbados, e a pele bronzeada e os olhos verdes de Rihanna, somados a seus traços barbadianos mais tradicionais, faziam dela uma pessoa anormalmente especial. Mas o que o hipnotizou foi mais do que apenas a aparência dela.

"Assim que Rihanna entrou na sala, foi como se as outras duas garotas não existissem", disse Evan à *Entertainment Weekly*. "Ela se comportou como uma verdadeira estrela... Mas o principal veio quando ela abriu a boca para cantar. Ela ainda precisava de lapidação, mas tinha uma certa pungência na voz."

Totalmente vestida de rosa, Rihanna interpretou "Hero" de Mariah Carey, e "Emotion", do Destiny's Child. O momento era perfeito, porque Evan e Carl tinham acabado de criar uma empresa, a Syndicated Rhythm Productions, e tudo indicava que eles tinham encontrado sua primeira contratada.

"A voz dela era crua, porém marcante", disse Evan à revista *Kurama*, "e ela queria essa carreira mais do que tudo. Reconheço uma verdadeira estrela facilmente assim que a vejo, [e] sempre acreditei que ela era uma estrela, desde o primeiro dia".

Infelizmente, ele não pensava o mesmo das amigas dela. Rihanna ficou eufórica quando soube que fora convidada a voltar, agora com a mãe, para discutir a gravação de um CD demo —, mas a alegria não durou muito. Ela caiu das nuvens quando percebeu que o produtor a imaginara como uma artista solo, apesar de ela ter se apresentado como parte de um trio. O que ela diria às amigas? E como poderia encará-las ao ver a decepção em seus olhos?

"Nós cantamos em grupo e depois individualmente, e Evan mostrou interesse em me ajudar a conseguir um contrato como cantora solo", explicou Rihanna ao *Observer*. "Era uma situação muito difícil, porque é claro que eu não queria magoar minha amiga. Eu não queria traí-la, mas a realidade era essa. Nós nos apresentamos juntas e individualmente, e foi isso o que aconteceu."

Mas especialmente para Kelenna, que idealizava o estilo de vida de cantoras famosas e que estava decidida a ser uma delas, essa foi a traição máxima. Além disso, Rihanna não teve muito tempo para acertar o relacionamento que ficou abalado. Dois dias depois do primeiro teste ela voltou ao hotel com a mãe, que foi informada de que a filha tinha potencial suficiente para ser levada de avião à cidade natal de Evan em Stamford, Connecticut, para gravar um CD demo.

Chocada, Monica aceitou a proposta, sob a condição de que Rihanna continuasse estudando. Consequentemente, a primeira gravação foi agendada para a época do Natal, quase um ano depois.

Relutante, Rihanna voltou a Combermere e esperou. "As pessoas acharam que a Rihanna tinha deixado o sucesso subir à cabeça", disse um amigo. "Mas no fundo ela estava apavorada; não tinha assinado nada ainda, e por isso estava preocupada que nesse tempo todo até as férias dela o produtor pudesse esquecer quem ela era ou perder o interesse — ou contratar alguém mais flexível, que não precisasse ir à escola, em seu lugar. Todos diziam para ela ir devagar e com calma — afinal, quantas pessoas tinham uma oportunidade profissional dessa aos 15 anos de idade? Mas ela não dava ouvidos. Daí em diante, ficou muito interessada em roupas e cortes de cabelo para se preparar, e achou injusto ter de ficar em Barbados, pois queria dar o próximo passo na carreira." E o amigo acrescentou: "A partir daquele momento eu posso dizer com segurança que ela passou a *odiar* a escola."

Rihanna pode até ter comparecido às aulas fisicamente, mas a cabeça estava no estúdio de gravação. E ela não ficou parada muito tempo. Decidindo que sua versão de "Hero", de Mariah Carey, era uma fórmula certeira de sucesso, ela a escolheu para uma apresentação no concurso anual de talentos e beleza da escola — e ganhou. "Ela foi a mais nova da escola a participar do concurso de talentos", contou o pai, Ronald, ao *Sun*, sem esconder a admiração. "As outras meninas tinham 17 anos, mas foi ela quem venceu."

Mesmo competindo com meninas que tinham alguns anos a mais de prática em matéria de glamour e mais experiência de vida, Rihanna não se abateu, e o resultado valeu a pena. Talvez tenham sido a ausência de nervosismo e de desespero que a fizeram conquistar o prêmio, permitindo que os juízes vissem uma jovem serena e confiante.

"Eu achava graça daqueles concursos idiotas", disse ela em tom de deboche ao *Daily Mail*. "Mas os amigos da escola me desafiaram a participar, e meu treinamento militar foi útil para aprender a equilibrar livros na cabeça para desfilar na passarela." Foi uma ironia agradável para ela que a estrela do show fosse alguém que nem ao menos queria participar dele.

O concurso foi um dos motivos que a convenceram a ficar mais feminina, juntamente com a perspectiva de ter atenção do público caso ela conseguisse o contrato para gravar um CD. Embora Rihanna se orgulhasse de sua aparência e estivesse acostumada a usar um pouco de gloss, aparecer no concurso foi seu flerte com o glamour verdadeiro. "Era tudo muito novo e esquisito para mim", relembrou ao *Observer*. "Eu era uma menina moleque, do tipo que andava descalça, e só comecei a mudar no ensino médio. Foi aí que comecei a me preocupar com a minha aparência e fiquei mais exigente. Mas toda mulher tem seu dia de se sentir feia."

Quando ela ganhou o título de Miss Combermere — concurso no qual as participantes eram julgadas pela aparência e pelo carisma —, certamente não foi um desses dias. "O concurso acabou às 23 horas, eu só fui dormir por volta das 3 horas", disse Rihanna ao *TMF*, arregalando os olhos e ficando com o rosto iluminado pela lembrança. "Eu estava muito empolgada. Ganhei um buquê, uma medalha... tudo." Ela também conquistou o prêmio de Miss Fotogênica, uma das categorias mais disputadas do concurso.

Porém, na manhã seguinte, sua felicidade foi logo destruída quando ela descobriu que a maioria das meninas, que considerava amigas íntimas, não falava mais com ela. "Estive preparada a vida inteira para ser apunhalada pelas costas", lamentou ao *Guardian*. "Perdi muitas pessoas que considerava amigas. Até quem eu considerava minha melhor amiga parou de falar comigo."

Mas esse tipo de experiência não era novidade para ela. "Sofri com a inveja das outras garotas por causa da minha aparência. Elas não precisavam disso porque eram lindas, mas meninas têm essas inseguranças."

Apesar disso, Rihanna tinha suas preocupações com o corpo, as mesmas que as pessoas que a agrediam. "Nunca serei perfeita, e existem coisas que me incomodam em mim, como meus seios", explicou. "Eu queria ter peitos maiores. Toda garota se olha no espelho e vê algo que gostaria de mudar."

Seja por inveja ou não, o abandono das amigas da escola foi uma decepção dolorosa e um choque para Rihanna, que queria uma "amiga de verdade" para dividir o sucesso. No entanto, estar sozinha a deixou mais determinada, e ela se apresentou em outro show de talentos chamado Colours of Combermere.

Compreensivelmente, as antigas parceiras de grupo ficaram arrasadas. "Kelenna é muito bonita", disse uma amiga de ambas, "mas isso foi demais para ela. Dá para imaginar a garota que você considerava sua amiga conseguindo um contrato para gravar um CD, enquanto você é deixada de lado, e ainda tem de vê-la fazendo sucesso em todos os concursos? Quando Rihanna cantou naquele concurso, foi como se tivesse jogado sal na ferida, porque era como dizer que não só ela cantava melhor, como também era mais bonita. Para complicar, Rihanna roubou o namorado dela. O que tinha sobrado para Kelenna, então?"

A amiga estava se referindo aos rumores de que Rihanna havia traído Kelenna após elas terem tentado retomar a amizade que fora abalada ao dormir com o homem por quem Kelenna estava apaixonada. "Ela foi insensível", continuou a amiga. "Ela cantou a mesma música [no concurso] que as duas cantavam juntas no recreio do colégio, a mesma que elas usaram no teste e aquela que tornaria Rihanna famosa. Ela sabia que aquilo daria certo, mas aí Kelenna pensou: 'Será que ela não podia ter sido um pouquinho mais discreta?' Afinal, foi Kelenna quem conseguiu o teste, para começo de conversa. Aí a Rihanna fez isso com ela."

Foi um final difícil para a amizade das duas, com sofrimento e raiva de ambas as partes. Enquanto isso, a usina de boatos estava funcionando a todo vapor, espalhando que Rihanna era conhecida por dormir com o namorado alheio.

Porém, quando Rihanna fez 16 anos, em fevereiro de 2004, as coisas mudaram drasticamente. Acabaram-se os ataques e as pressões na escola, porque lhe ofereceram uma rota de fuga da ilha. Com o CD demo de Natal quase terminado, Evan perguntou por que ela tinha de esperar até as próximas férias escolares para voltar. "Foi ali que eu percebi que o negócio era sério", relembra ela.

Rihanna pediu permissão para estudar à distância e, livre do fardo do ambiente escolar, aceitou o convite de Evan para morar na casa dele em Connecticut. Foi lá que os dois terminaram a gravação da primeira demo oficial dela.

"Saí de Barbados sem olhar para trás", contou ela à revista *Entertainment Weekly*. "Queria fazer meu trabalho, mesmo que para isso tivesse de me mudar para os Estados Unidos."

E foi exatamente o que ela fez: numa fria manhã de inverno, ela foi recebida no aeroporto pela esposa de Evan, Jackie, para começar uma nova vida. Se Jackie ficou insegura ou desconfortável com o fato de uma linda e jovem estrela iniciante dividir a casa com ela e o marido, ela não demonstrou. Na verdade, ela se tornou uma figura materna para Rihanna e uma de suas aliadas mais próximas. "Jackie sem dúvida adotou um papel maternal", confirmou Rihanna à revista *Giant*. "Ela cuidou de mim quando morei lá. Ela se certificava de que a minha roupa fosse lavada e que eu me alimentasse na hora certa." Para quem fora mãe de si mesma, esse carinho era uma mudança muito bem-vinda, e ela passou a chamar sua nova mãe de "titia".

"Era um clima bem familiar mesmo", concordou Evan. "Sempre tivemos esse tipo de relacionamento, o oposto do produtor aproveitador que, de mansinho, poderia tentar enganá-la. Nós sempre fizemos questão de que, mesmo sendo tão jovem, ela estivesse totalmente envolvida em todos os negócios e decisões."

No entanto, por mais que Evan prontamente afirmasse que ela não tinha sido manipulada de forma alguma, Rihanna conta uma história um pouco diferente, indicando que não teve tanto controle quanto gostaria ou esperava. Ela contou ao *Guardian:* "Quando eu comecei, não sabia de nada. Não tinha oportunidade para dar minha opinião."

Foi uma experiência desconfortável, já que ela fora criada pela mãe para ser independente e assumir o controle da própria vida, em vez de seguir ordens dos outros. "Minha mãe me criou para ser uma criança e saber meu lugar, mas também para pensar como uma mulher. Ela nunca me escondeu nada, nunca achou que eu fosse nova demais para saber certas coisas, por isso sou muito madura para a minha idade."

Talvez Rihanna não estivesse recebendo o devido crédito por pensar de modo independente, mas, apesar disso, ela achava que a carreira estava em boas mãos. E também estava gostando da nova vida em Connecticut, apesar do choque causado pelo clima. Se ela se sentia sufocada em Barbados, tanto pelo sol quanto pelos colegas opressores que desejavam seu fracasso, a América do Norte se mostraria igualmente problemática, mas agora devido ao frio de amargar.

"Não temos estações do ano em Barbados, todo dia é dia de piscina ou praia, por isso ela não estava preparada para os Estados Unidos", disse um amigo. "Ela me ligava tremendo, dizendo que não conseguia se aquecer mesmo dentro de casa e que sentia falta do sol... Ela nem sequer tinha um casaco em Barbados, e algum tempo depois me contou que tinha comprado um monte de jaquetas lindas!"

Mesmo as estações mais amenas se mostraram difíceis de suportar. Outro choque cultural veio com a atitude despreocupada de Rihanna quanto ao recato, que não combinava muito bem com a vida na costa leste urbana dos Estados Unidos. Em Barbados, ela costumava ficar nua em casa por causa do calor — e nos Estados Unidos, o limpador de piscina flagrou-a sem roupa várias vezes. "Na primeira vez foi muito constrangedor", contou ela à *Bravo*. "Sempre esqueço que ele vem. Eu me confundo porque quando tenho um dia de folga geralmente durmo até meio-dia e quando acordo nem sei que dia é. Mas depois ele se acostumou. Eu até falei [para a melhor amiga, Melissa] para me mandar SMS quando ele vier, com alguma coisa tipo 'Rihanna, ponha uma roupa, o rapaz que limpa a piscina está aí!'"

Mas quando ela se lembrava de ficar vestida, Connecticut valia a pena. Evan começara a escrever canções de vários gêneros para ela, e a demo de quatro músicas que fora produzida tinha o objetivo de mostrar a versatilidade de Rihanna.

"Last Time" era um R&B elegante que poderia fazer parte de um CD de Craig David, enquanto "Pon De Replay" foi inspirada no dancehall, um ritmo caribenho, feita para se aproveitar ao máximo das raízes da cantora. As duas últimas faixas eram "Hero", cover de Mariah Carey, e uma canção de Whitney Houston que todo produtor musical que se preza conhece muito bem: "For the Love of You".

A gravação demo tinha a intenção de provar que, longe de ser uma artista limitada, Rihanna era capaz de cantar qualquer tipo de canção. Evan começou a preparar as demos para mostrá-las aos figurões da indústria musical. A essa altura, ele já tinha contratado Rihanna oficialmente para o seu selo e providenciado advogados para ela, mas, se a cantora pensou que se livraria da escola, estava muito enganada.

"Minha mãe sempre disse: 'Você não vai parar de estudar até ter um contrato assinado', mas quando eu consegui, ela continuou me obrigando a ir à escola", reclamou ela à revista *Glamour*. Mas dessa vez ela tinha um tutor particular.

Outro choque estava por vir quando pediram para ela mudar de nome. Evan planejava fazer marketing em cima da ascendência exótica dela, mas achava que seu primeiro nome, Robyn — escolhido pelo pai irlandês —, era comum demais para uma garota que apresentaria uma nova cultura ao público norte-americano.

"Robyn é um nome incomum no Caribe, mas meu produtor disse que era muito popular nos Estados Unidos", contou ela ao *Chicago Tribune*. "Quando eu falei meu nome do meio, ele o preferiu por ser diferente."

Tendo assinado com a equipe do empresário de Evan, o nome dela foi oficialmente mudado para Rihanna, e as demos foram enviadas a possíveis gravadoras. O coração de Rihanna deu um pulo quando ela soube que a Island Def Jam, comandada pelo astro do rap Jay-Z, ouvira sua música e queria conhecê-la pessoalmente. "A Def Jam foi a primeira gravadora a retornar a ligação", explicou à revista *Interview*. "Recebemos outras ligações depois, mas eles foram os mais empolgados."

Agora que seu trabalho chamara a atenção de Jay-Z, ela sabia que o negócio era sério. "Convenhamos, eu tinha 16 anos. E era de Barbados!", continuou ela, incrédula. "Sabe, eu nunca... A chance de encontrar alguém famoso ou de assinar um contrato era quase nula. Agora eu ia conhecer o Jay-Z e fazer um teste com ele, tudo ao mesmo tempo!"

Por mais empolgante que fosse a situação, seria também um momento de muito estresse. Agora ela não cantaria mais para bichos de pelúcia ou travesseiros, como fizera em boa parte de sua infância. Em vez disso, ela estava diante de um dos maiores nomes do hip-hop, que ela só vira na televisão enquanto sonhava com o estrelato — e ela tinha de se apresentar para ele.

"A única vez em que eu tinha cantado em público havia sido num show da escola", relembra, "então eu estava muito assustada. Mas aí fingi que estar no escritório do Jay-Z com ele e mais cinco executivos de gravadora era normal para mim. Jay-Z estava sentado lá, com seu short jeans e sua camisa polo, esperando para ser impressionado".

Rihanna tinha origem humilde — viera de uma família de classe média baixa que morava numa região bem simples da cidade —, e boa parte do dinheiro que sobrava em casa era destinado a sustentar o vício do pai em crack. Ela nunca teve o privilégio de fazer aulas de canto ou dança para aprimorar o talento. Mas Jay-Z também cresceu em um bairro pobre, numa parte violenta do centro de Nova York. Sendo assim, ele não estava procurando a perfeição pronta e acabada, mas sim um novo talento. Era exatamente isso o que ele esperava encontrar em Rihanna naquele dia.

No entanto, ela estava nervosa e tinha dormido pouco. "Na noite anterior, eu não consegui dormir", relembrou ela à revista *Glamour*. "Eu experimentava um milhão de roupas e maquiagens diferentes. E me lembro de começar a tremer [quando vi o Jay-Z pela primeira vez]. Achei que ele estaria de terno, sentado atrás de uma mesa e fumando charuto, mas ele estava totalmente tranquilo, de tênis e camisa polo. Aí eu entrei no modo de teste. Sabia que ali era tudo ou nada. De cara o pessoal da Def Jam disse: 'Você não pode sair do prédio.' E fecharam a porta."

Sendo assim, Rihanna não teve outra escolha a não ser se entregar ao canto, embora tenha se perguntado se correr desesperada para a porta após um nervosismo de última hora era uma atitude comum no escritório de Jay-Z, depois daquele aviso incomum.

Foi só então que ela relaxou. O estômago não estava mais embrulhado. O suor frio parou de descer pela nuca. O comportamento que Evan descrevera como "dolorosamente tímido" ficou para trás, e ela estava pronta para mostrar a Jay-Z do que era capaz.

Quando terminou, Jay-Z estava tão afoito para assinar o contrato que disse que a única rota de fuga se ela mudasse de ideia seria pela janela do escritório, que fica num prédio muito alto. "Eles me trancaram no escritório até as 3 da manhã", contou Rihanna ao *Observer*. "E Jay-Z disse: 'Só existem duas saídas. Pela porta, se você assinar o contrato, ou pela janela. E nós estávamos no 29º andar. Muito gentil."

Depois, Jay-Z contou à *Rolling Stone* que era raro um artista — especialmente uma tão jovem — ter tanto talento e atitude ao mesmo tempo, sendo que apenas a presença seria suficiente para fechar o negócio. "Eu assinei o contrato na mesma hora", relembra ele. "Precisei de dois minutos para notar que ela era uma estrela."

Quanto à Rihanna, como aconteceria com qualquer adolescente, ela mal podia esperar para assinar a linha pontilhada e lutou para controlar a impaciência. Enquanto conselheiros jurídicos e executivos da gravadora discutiam os mínimos detalhes do contrato na sala ao lado, a jovem de 16 anos de idade achava que estava perdendo tempo. A cena lembra o clipe de "...Baby One More Time", de Britney Spears, em que uma estudante entediada deseja que o tempo passe logo para que ela possa sair e fazer sua apresentação de estreia no ginásio.

"Meus advogados não paravam de falar", disse ela ao *Observer*, relembrando a frustração, "enquanto eu olhava o relógio, doida para assinar logo!".

Mas não foi preciso esperar muito para que os desejos dela fossem realizados. Ela estava em êxtase — até se dar conta de que o verdadeiro trabalho estava prestes a começar. Embora Rihanna tivesse um talento em estado bruto, uma aptidão natural e entusiasmo de sobra, ainda precisava de treinamento profissional. Ela assistira a clipes da Aaliyah e do Destiny's Child várias vezes e copiara religiosamente os passos de dança, mas, como nunca tinha feito uma aula de dança na vida, não era o bastante. Ela foi preparada rapidamente para o sucesso pela Def Jam, que a fazia passar por oito horas diárias de ensaio com um coreógrafo. Além disso, ela tinha de completar 15 horas semanais de estudo para obedecer às leis que regulam o trabalho infantil nos Estados Unidos. Enquanto isso, Rihanna ensaiava suas músicas, gravava material para seu álbum de estreia, fazia reuniões para conhecer as pessoas do meio e viajava sempre que necessário.

Na verdade, durante as gravações, Rihanna arrumou tempo até para se juntar à turnê japonesa de Gwen Stefani, a Harajuku Lovers, como atração de abertura, e também alguns shows de 50 Cent no Canadá. Era uma agenda extremamente cansativa, mas um privilégio quase inédito para uma cantora que ainda nem tinha um primeiro álbum, então Rihanna não podia reclamar. No ano anterior, ela era apenas uma estudante ingênua, que nunca saíra de sua terra natal. Agora, ela morava num país estrangeiro a milhares de quilômetros de casa antes mesmo de terminar o ensino médio. Era sensacional, mas, ao mesmo tempo, exaustivo. Quando o glitter da ilusão começou a desbotar, ela logo percebeu que, por mais que valesse a pena, trabalhar com grandes nomes da música era tudo, menos fácil.

"Cresci muito naquele ano", disse ela. "Não tive escolha. Para correr atrás do meu sonho, deixei minha família inteira em Barbados e me mudei para os Estados Unidos. Era meio assustador não ter amigos ou família por perto e de repente pisar num estúdio de gravação."

Ela acrescentou: "[Aquele ano] me ensinou a dedicação e a responsabilidade necessárias para fazer do meu sonho uma realidade. Acordar às 5 horas para ensaiar, estudar, fazer os deveres da escola, dar entrevistas, participar de filmagens que duram o dia todo, tudo isso sempre pareceu glamouroso, mas é trabalho de verdade. Meu amor pela música e pelo canto nunca mudarão, mas não acho mais que tudo é um mar de rosas."

Confessando à imprensa que ele a estava fazendo trabalhar "num ritmo inacreditavelmente intenso, quase perigoso", Jay-Z a levou direto para o estúdio poucos dias depois de assinar o contrato para gravar o primeiro álbum, que levaria apenas três meses para ficar pronto.

Uma das primeiras músicas gravadas foi a faixa título, "Music of the Sun". Embora Rihanna fosse novata no processo de compor canções e estivesse disposta a aceitar conselhos alheios naquele momento, ela também queria deixar sua marca e mostrar quem era e de onde viera. Em "Music of the Sun", uma das primeiras faixas que coescreveu, ela conseguiu exatamente isso.

A letra, que celebrava a dance music como um prazer universal, tão amada por todos quanto o sol de verão, significava muito para ela pelo fato de ter sido criticada na escola por ser "branca demais" e ter se sentido excluída e acusada de não pertencer à sua cultura. Por esse motivo, ela queria uma canção inclusiva, um "clube" musical metafórico do qual todos pudessem participar. Além do mais, não importa onde alguém estivesse, mesmo numa noite chuvosa de inverno em Nova York, ela esperava que a canção pudesse instantaneamente transportar quem a ouvisse para o paraíso caribenho que ela tinha orgulho de chamar de lar. Era sua forma de transmitir a energia e a atmosfera de seu país através da música e de declarar que estava ali para promover a cultura do Caribe, sem fazer concessão.

Algumas canções não devem ter saído muito ao gosto de Rihanna. "Willing To Wait" foi outra música que ela coescreveu, dessa vez com June Deniece Williams, uma compositora e cantora de soul cuja mudança para o gospel lhe rendeu uma série de prêmios Grammy nos anos 1980 e 1990. Williams chegou a cantar uma versão *a capella* de "God Is Amazing" na cerimônia de entrega do Grammy. No entanto, Williams não dava exatamente credibilidade R&B "de raiz" para Rihanna. Além do mais, para alguém que tentava definir uma identidade de "mulher poderosa", a contribuição de Williams pode até ter parecido contraproducente.

"Willing To Wait" era sobre uma garota que se defende dos avanços do namorado e quer conhecê-lo melhor antes que os dois vão para a cama. Parecia que Rihanna estava cercada por tipos superprotetores, que provavelmente fariam de tudo para preservá-la do mundo dos homens, que acreditavam estar em busca de sexo e, consequentemente, fazendo falsas promessas apenas para conseguir seu objetivo. É um tema destacado por outra coautora da canção, Susaye Greene — que já cantou com Ray Charles e The Supremes, compôs com Stevie Wonder (para ninguém menos que Michael Jackson) —, e falou de suas protegidas como "jovens muito bonitas que estão sob pressão o tempo todo devido à sua beleza e à sua juventude".

Ela disse ao *Story of the Stars*: "Muitas pessoas querem se aproveitar de outras, e eu mesma já estive nessa situação, por isso entendo bem. É um fardo pesado." Talvez falando diretamente de Rihanna, ela acrescentou: "A única forma de eu trabalhar com uma garota de 16 anos seria se eu soubesse que a mãe dela foi compreensiva, lhe deu apoio e esteve por perto o tempo todo. Aí sim eu as estimulo a compor, a ser empreendedoras, empresárias fortes. [Para uma garota de 16 anos chamar minha atenção] ela tem de ser muito boa!"

Obviamente Rihanna se encaixava nesse perfil, e, com Susaye, June Deniece e os "tios" postiços Evan e Carl no papel de compositores, não surpreende que a canção tenha saído com um tom superprotetor. Parecia que eles tinham escalado Rihanna para o papel de virgem que defende a abstinência, assim como aconteceu com outra artista apadrinhada por Evan, vide Christina Aguilera, no início da carreira. Mas isso pode não ser uma boa ideia no mundo hipersexualizado do hip-hop. Será que Rihanna seria vendável para o seu público-alvo com esses valores? Afinal, a influência de June Deniece parece mais adequada a uma artista gospel ou a uma cantora de soul.

Mas Rihanna não estava muito preocupada com o efeito que uma soprano gospel temente a Deus pudesse ter sobre sua reputação. Afinal, June Deniece acumulava 14 indicações ao Grammy na época, tendo conquistado quatro prêmios. Em se tratando de compor, ela parecia saber a fórmula do sucesso.

A canção "Let Me", por sua vez, fazia mais o estilo de Rihanna, mostrando que, pouco a pouco, ela imprimia seu estilo. O refrão era provocante e ambíguo, sugerindo um convite sexual ou o prazer doméstico de uma dona de casa recatada, ansiosa para agradar o homem por quem inocentemente se apaixonara. Seria uma sugestão libertina inspirada pela luxúria ou algo totalmente desprovido de conotação sexual? A verdade vem à tona quando o clima começa a esquentar nos versos, pois Rihanna confessa que pode não conseguir se controlar caso fique sozinha com seu homem e deixa escapar sua queda por usar saltos de 18 centímetros na cama. Indo da recusa imediata ao sexo a um relato explícito sobre seu desejo por um homem, o CD pareceu uma mistura bastante eclética.

"Let Me" pode ter desagradado Jackie, a esposa de Evan, visto que promoveu Rihanna como um ser sexual, como uma *mulher sexualmente atraente* que poderia muito bem estar em seu território e de olho em seu marido. Contudo, a relação deles era puramente profissional, e Rihanna continuou tendo o apoio da mulher a quem descreveu como sua "segunda mãe". Jackie até ia ao estúdio de vez em quando para ver como ela estava.

Embora Rihanna não tivesse influenciado na composição de "Let Me", ela deu palpite quanto ao Stargate, uma dupla norueguesa em ascensão que estouraria nos Estados Unidos no ano seguinte, com músicas feitas com seu colega de gravadora Ne-Yo que chegaram ao primeiro lugar nos Estados Unidos e no Reino Unido: "So Sick" e "Irreplaceable", uma bem-sucedida colaboração com o ídolo máximo de Rihanna, Beyoncé. Incrivelmente, apesar de terem se associado a artistas do pop europeu, como S Club 7, Billie Piper, Hear'Say, Blue, Samantha Mumba e Atomic Kitten, eles ainda tinham credibilidade entre os fãs do R&B.

A dupla também recebeu elogios do *New York Times*, que descreveu sua música como "R&B açucarado e alegre no estilo de Michael Jackson, temperado com o tipo de pop europeu melódico que pinta tudo com cores fortes... Seu trabalho carrega a tradição de artistas pop escandinavos que vão de ABBA até [o produtor norueguês] Max Martin".

Rihanna nunca ouvira falar do ABBA, mas para alguém que queria ampliar as fronteiras do reggae misturando ritmos caribenhos com as vibrações das ruas de Nova York ou Los Angeles, ou com os sons urbanos de uma cidade como Londres, o Stargate se mostrou um parceiro ideal para compor.

Kardinal Offishall, rapper canadense de origem jamaicana que se apresentou até para Nelson Mandela, também participaria do álbum. Conhecido como "embaixador do hip-hop no Canadá" pelos antenados, ele era famoso por misturar os sons tradicionais do dancehall com um toque de R&B moderno para agradar pessoas do mundo inteiro, independente de seu gosto musical. Era exatamente isso o que Rihanna queria fazer, por isso ela ficou feliz em tê-lo participando de "Rush".

A faixa é um diálogo entre um homem e uma mulher que não conseguem concordar sobre o romance deles ser uma história de amor ou simplesmente de luxúria. Na música, Rihanna está apaixonada, mas para Offishall é só atração física. A produção lembra o sucesso "I'm Still in Love with You", do astro jamaicano de dancehall Sean Paul, que estourara no ano anterior, no qual uma mulher não suporta a ideia de terminar o relacionamento, enquanto o homem não consegue lidar com o compromisso e a critica por se apaixonar e não ver a relação deles como algo apenas casual. A parceira de Paul na música, Sasha, fica magoada, mas para Sean Paul tudo era apenas uma diversão inconsequente, e ele se afasta dela. Infelizmente, Rihanna tem o mesmo destino em "Rush".

Enquanto isso, em "There's a Thug in My Life", Rihanna explora um tema semelhante, tipicamente caribenho. A faixa fala de um caso de amor secreto com um homem que ela sabe que jamais será aprovado por seus amigos, quanto mais pelos pais — alguém que ela encontra em segredo à noite, que ela sabe que não presta, mas que a trata bem. O problema surge quando ela se pergunta como contará à mãe que está ao lado de um criminoso. Apesar de ela estar feliz, a ideia de que os dois ficarão juntos para sempre sugere de modo desconfortável que essa história não tem como acabar bem. O criminoso nesse caso é interpretado pelo rapper J-Status, que participa da faixa e depois assinou com a SRP.

Ainda no tema romântico, "Now I Know" foi outra faixa coescrita por Rihanna e mostra um relacionamento casual que vira amor antes que os envolvidos consigam controlar. Ela imagina o fim do namoro e sofre ao pensar que o amor pode mudar e acabar depressa, assim como começou.

"The Last Time" é uma bela prova dessa situação. Rihanna saiu magoada, mas não abrirá o coração para se machucar novamente. É hora de reassumir o controle. A letra exorciza o fim de um relacionamento decepcionante, deixando claro que ela é quem dá as ordens agora e que não voltará para ele. "That La La La", por sua vez, é mais animada, com Rihanna mandando uma falsa amiga parar de correr atrás do namorado dela, porque o amor deles jamais será afetado por alguém de fora. As pessoas detestavam essa música em Barbados e, como lembra um amigo de Rihanna, fez com que aquelas que acreditavam nos boatos de sua promiscuidade a chamassem de "hipócrita imperdoável". Mas Rihanna bateu o pé e se recusou a ouvir as "mentiras sem fundamento" daqueles que a criticavam.

Seu orgulho foi parcialmente restaurado pela participação de dois bons produtores na faixa. O Full Force, um sexteto de cantores, compositores e produtores de hip-hop, já era conhecido na indústria musical, tendo trabalhado com os Backstreet Boys em

"All I Have to Give", com a ex-esposa de Prince, Mayte, em "Child of the Sun" — que, infelizmente, não foi lançada — e com a mulher mais durona do hip-hop, Lil'Kim, na canção "Can't Fuck with Queen Bee". Eles também eram reconhecidos por compor e produzir quase todos os sucessos de *La Toya*, o quinto álbum de La Toya Jackson, e pelo trabalho com Bob Dylan, Black Eyed Peas e Britney Spears — uma eclética mistura de artistas.

D'Mile, por outro lado, era quase desconhecido quando contribuiu com a faixa, mas o sucesso dela o lançaria para a fama, rendendo-lhe contratos com Mary J. Blige, Justin Bieber e Janet Jackson.

"Here I Go Again" era mais simples, uma colaboração entre Rihanna, seus dois tios e J-Status. A música fala de uma situação extremamente comum no mundo inteiro: amor viciante. Meses ou até anos depois de um relacionamento ter terminado, Rihanna percebe que ainda não está livre de seus sentimentos — e, independente dos relacionamentos que teve desde então, ela não consegue esquecer o amor perdido. O papel de J-Status é de estimular a indecisa ex-namorada a reatar o relacionamento.

Outra colaboração se deu na lendária música de dor de cotovelo em ritmo de reggae/soul "You Don't Love Me (No, No, No)", gravada originalmente por sua compositora, Dawn Penn. Foi uma regravação ambiciosa, e o cantor jamaicano de dancehall Vybz Kartel foi convidado para fazer uma participação nos vocais.

Houve especulação na época sobre Rihanna conseguir fazer justiça à versão definitiva de Dawn e, especialmente, sobre ter sucesso no estilo soul rasgado de uma mulher bem mais velha, com anos de desilusões amorosas nas costas. Mas imediatamente ficou claro para quem estava no estúdio que Rihanna tinha dominado a canção, dando a ela seu toque pessoal.

As faixas bônus do álbum são "Hypnotised", exclusiva da edição japonesa, e "Should I", outra parceria com J-Status.

Porém, o melhor do álbum estava em músicas como "If It's Lovin, That You Want". De acordo com Evan, era a possibilidade de faixas como essa — uma batida reggae preguiçosa e calma misturada a uma voz sensual com o ritmo exótico de Barbados — que o fez assinar contrato com ela sem hesitar. Ela tinha apelo multicultural, tanto na aparência quanto no som. Rihanna poderia simbolizar garotas brancas, negras e mestiças, tudo ao mesmo tempo. E ainda representar Barbados.

A faixa também se beneficia de um *sample* de "The Bridge Is Over", da Boogie Down Productions. A letra prometia o amor fantástico de uma mulher linda, carinhosa e hipnotizante, enquanto o ritmo prenunciava uma autêntica música da terra do sol. Para Evan, era uma mistura irresistível, mas não se comparava à faixa "Pon De Replay", uma das músicas do CD demo.

A princípio, Rihanna ficou relutante em gravar essa música, por achar que era uma versão atenuada, pop e infantil dos clássicos do reggae que ela estava acostumada a ouvir. Ela temia que a faixa ficasse num vácuo entre o pop sem sal e uma tentativa forçada de imitar o dancehall. "Quando ouvi essa música pela primeira vez, não queria gravar porque era muito repetitiva, parecia música de criança", contou ela ao site Artist Direct. Contudo, ela não deixou o medo vencer. Rihanna estava tão ávida pelo sucesso que deixou suas reservas de lado e se entregou de corpo e alma para ser uma estrela. O esforço valeu a pena.

"Depois que comecei a gravar, acabei gostando da música — e as pessoas adoraram!" Na verdade, Evan gostou tanto que fez dela o primeiro single do álbum.

"Concordamos que várias músicas ali poderiam ser o primeiro single", explicou ao Singer Universe, "mas "Pon De Replay" foi escolhida por parecer a mais adequada para um lançamento de verão". Ansiosos para testá-la no mercado, a próxima etapa seria criar um videoclipe. Rihanna queria que sua primeira música fosse perfeita, por isso se aliou à coreógrafa veterana Fatima Robinson para atualizar seus passos de dança.

Entre os créditos de Fatima estavam trabalhos com os Black Eyed Peas ("My Humps") e com Fergie em seu clipe sexy e com estilo "de rua" para "London Bridge". Então, Rihanna sabia que estava em boas mãos.

O diretor escolhido também tinha um bom pedigree. Little X estava no mercado desde os anos 1990, e produzira o clipe do primeiro sucesso de Sean Paul, "Gimme the Light", que ajudou a lançar o cantor que se autodeclarava a "lenda do dancehall" ao estrelato. Little X também dirigiu os clipes de "The New Workout Plan", de Kanye West, "Gangsta Lovin", de Eve e Alicia Keys, "You Got It Bad", de Usher, "Tilt Your Head Back", de Christina Aguilera, e "You Don't Call Me", de Alicia Keys.

Como todas essas faixas, "Pon De Replay" tinha um clipe simples. A festa começa devagar até Rihanna entrar em cena, mudar o clima e mandar o DJ aumentar o som para que ela possa dançar, angelical, rodopiando ao som da música e usando um top curtinho e jeans de cintura baixa.

Essa ordem daria o tom de toda a carreira dela. Programas de rádio no mundo todo obedeceram sem questionar: após o lançamento em 22 de agosto de 2005, "Pon De Replay" invadiu as paradas. A batida era cativante, e não era demérito algum que o público achasse Rihanna tão atraente quanto o sol do verão, tanto que a faixa foi estrategicamente lançada para coincidir com essa época do ano.

Contudo, para alguns recém-chegados ao mundo caribenho, o título precisava de tradução. "É só a linguagem que a gente usa em Barbados", explicou Rihanna, rindo, ao *Kidz World*. "É um inglês informal. 'Pon' é 'on' [em], 'De' significa 'the' [o], então estou basicamente pedindo ao DJ para tocar a minha música sem parar [*on the replay*]."

Tudo o que Rihanna podia fazer agora era sentar e aguardar. Mas ela nem precisou esperar muito. "Eu estava num shopping quando a ouvi no rádio pela primeira vez", relembra. "Fiquei pulando e gritando 'É minha música!', e todo mundo ficou me olhando como se eu fosse completamente louca, é claro! Foi uma época estranha para mim porque todo mundo dizia que eu era a nova Beyoncé. Mas eu estava com apenas 17 anos e tinha aulas particulares para compensar o fato de não estar na escola."

Apesar da alegria, ela continuou nervosa quanto ao seu lugar na indústria musical. Na semana em que o single de Rihanna foi lançado no Reino Unido, por exemplo, ela teve de enfrentar a guerra do britpop entre Oasis e Blur, que já durava uma década — com o Blur na forma do Gorillaz, liderado pelo ex-vocalista, Damon Albarn. O som que ela fazia era totalmente diferente de tudo o que estava nas paradas na época; será que o mundo ocidental estava preparado para sua versão do típico e relaxado reggae de verão?

Enquanto isso, embora Rihanna definitivamente contasse com a sensualidade em seu arsenal, será que ela conseguiria enfrentar a sexualidade descarada de um grupo como o Pussycat Dolls, favorito do mês tanto no Reino Unido como nos Estados Unidos com a música "Don't Cha?". Ela também poderia jogar no time do R&B, mas será que Rihanna seria ousada o bastante para esse público, considerando que faixas como "Willing to Wait" pareciam ficar à sombra de "Genie in a Bottle" de Christina Aguilera, indicando um tipo de inocência adolescente que normalmente não era aceita nesse gênero? Sua equipe de produtores tentaria vendê-la como uma adição exótica às paradas, mas ela temia que isso não funcionasse a seu favor. E, mesmo que desse certo, será que ela queria ser uma novidade vendida puramente porque explorava o fato de vir do destino favorito de todos nas férias? Talvez ela preferisse misturar as batidas.

Ela também tinha que competir com uma tendência em prol de baladas indie, como "Fix You", do Coldplay, e "The One I Love", de David Gray, bem como clássicos do electro como "Dr. Pressure", do Mylo. Havia muitos adversários a se combater. Além disso, a perspectiva assustadora de derrubar um grande ídolo seu — e agora rival —, Mariah Carey, do trono nos Estados Unidos deixava Rihanna atordoada. Era uma ideia que ela nem ousava imaginar. E o mais assustador de tudo, apesar do apoio de sua equipe, era a dúvida: será que ela chegaria às paradas?

Suas preces foram atendidas quando ela rapidamente chegou ao segundo lugar nas paradas dos Estados Unidos, logo atrás de "We Belong Together", de Mariah Carey. Em outubro, a canção tiraria o toque de celular baseado no tema do filme *Um tira da pesada,* chamado "Crazy Frog", do primeiro lugar. Ela também conquistou o segundo lugar no Reino Unido, perdendo o primeiro posto para o Oasis por pouco, chegando também ao sexto lugar na Austrália e ao sétimo no Canadá.

De repente, em todos os lugares aonde Rihanna ia, as pessoas cantarolavam sua música. E, menos de uma semana após o lançamento da faixa, ela foi convidada a se apresentar no pré-show do MTV Video Music Awards de 2005, em 28 de agosto. Foi um momento marcante para ela, que conseguiu colocar Barbados no mapa da música pop mundial.

"É uma grande honra representar Barbados e todo o Caribe", disse ela ao *Guardian*. "Quando cantei no Video Music Awards, muita gente estava com a bandeira de Barbados, e as pessoas viram isso no país e ficaram emocionadas. Elas nunca tinham visto uma artista de lá num palco internacional, o que é incrível. Às vezes, quando se tem esse tipo de apoio, você se sente como se pudesse conquistar o mundo."

Claro que o mundo era o próximo item da lista — mas não antes do lançamento do primeiro álbum, *Music Of The Sun*, em 30 de agosto. Rihanna enfrentaria a mistura de rock, pop e dancehall de Gwen Stefani, que flertara com a ocidentalização do reggae há algum tempo; a também exótica e de origem mestiça Amerie, cujo sucesso "One Thing" tomou as paradas de assalto no início daquele ano; a sensação sul-americana Ciara, que tinha o apoio de Missy Elliott no sucesso "Oh"; as faixas no estilo burlesco voluptuoso das Pussycat Dolls; a leveza da rapper Lady Sovereign; e a dissidente contracultural do Sri Lanka M.I.A, que sempre joga uma boa dose de ironia política na mistura.

Mas esse também era o momento de Rihanna. Ela fez alguns shows para promover seu álbum, um deles na abertura do campeonato de tênis US Open, em 29 de agosto, e no jogo de abertura da temporada da NFL, no dia 8 de setembro.

Agora restava esperar as opiniões de blogueiros e críticos — e Jay-Z estava prevendo o caos. Ele avisou: "O melhor conselho que posso dar é que ela mantenha o grupo de amigos bem restrito, porque será impossível controlar o que estiver fora dele. Não dá para controlar a opinião das pessoas sobre seus discos ou sobre o que é dito nos blogs... mas se ela tiver os amigos certos, não cairá no estilo de vida dos jovens rebeldes que perdem a cabeça e fazem loucuras."

Ele também a aconselhou a não se acostumar com a fama, ou a não deixar que ela suba à cabeça, porque tudo isso pode acabar rapidamente. "Ele me disse: 'Você tem de ser uma boa pessoa, porque estão acontecendo coisas boas para você agora, mas você tem de ser humilde'", relembrou Rihanna à revista *Glamour*. "O que me intrigou é que ele era um artista famosíssimo e muito pé no chão. Eu sentia que se ele estava dizendo aquilo, era porque dava certo."

E Rihanna teria mesmo de permanecer com os pés bem fixos no chão para sobreviver ao dilúvio da imprensa — tanto positivo quanto negativo — que invadiu o mundo depois do lançamento de seu álbum. A fábrica de rumores quase explodiu com uma acusação polêmica: parte da letra de Kardinal Offishall para "Rush" sugeria que ela tinha dormido com alguém para entrar no mundo do show business ou, no mínimo, que a sensualidade e as atitudes insinuantes facilitaram a fama dela. Obviamente, as garotas que especulavam maliciosamente que Rihanna dormira com Jay-Z para conquistar um lugar na indústria musical estavam vibrando com a última fofoca, provavelmente tendo pouca consideração pelo sofrimento de Rihanna.

Para piorar a situação, o site Pop Matters criticou o álbum dizendo: "Notei que existem alguns figurões por trás dessa jovem cantora de talento mediano... Kardinal Offishall [por exemplo]."

Não eram apenas as insinuações que magoavam, mas a ideia ofensiva de que seus colaboradores sustentavam as canções, compensando um vocal fraco ou desigual por parte dela. A crítica continuava a debochar: "Dos jeans baggy até os vocais com sotaque caribenho, tudo parecia perfeito (talvez até demais)... O clipe de "Pon De Replay" deve ser considerado o protótipo sagaz de criação de uma estrela."

A reclamação era clara: ela estava sendo totalmente fabricada por uma equipe de compositores para mascarar a falta de talento verdadeiro, e o sucesso só ocorrera devido a seus contatos, sua boa sorte e seus dotes físicos. Bem que Jay-Z tinha avisado que as críticas não seriam fáceis de engolir. E ele tinha muita experiência em se defender delas.

Essas não foram as únicas palavras desagradáveis que ela precisou ler a seu respeito. O site Epinions insistiu que o álbum era "insípido" e chamou faixas como "Rush" de "pura encheção de linguiça". Já a *Entertainment Weekly* escreveu que o álbum estava "cheio de arranjos sentimentaloides que bloqueiam a música do sol", num trocadilho com o título do álbum, *Music of the Sun*, [Música do sol].

Além disso, nem todo mundo gostou do sucesso "Pon De Replay". Um ex-colega de escola disse: "Havia algo meio esquisito ali, como se o estilo tivesse sido atenuado para atender aos ouvidos brancos. A música ficou num limbo entre o dancehall e o pop, então acabou soando boba."

A altamente respeitada revista *Rolling Stone*, contudo, deu nota máxima à faixa, considerando-a um "belo exemplo pop do dancehall, com batidas sincopadas que lembram palmas e aludem às *big bands* do jazz". Mas a ex-colega de escola expressa a preocupação inicial de Rihanna com a faixa: "Não gostei de 'Pon de Replay' de cara, achava que parecia música de criança. Não parecia música. Não era a música que eu estava acostumada a ouvir."

Será que o problema estava no fato de os produtores Evan e Carl serem totalmente novatos na produção de músicas de sucesso na cena reggae, embora fossem bem-sucedidos gerenciando a carreira de boy bands açucaradas? Algumas pessoas especularam que eles escolheram entrar nesse estilo para agradar às esposas barbadianas sem ter conhecimento suficiente. Eles agora estavam longe do território das canções de amor melosas — Rihanna era totalmente diferente do *N Sync ou da Christina Aguilera — e entraram em um terreno pantanoso com sua primeira faixa inspirada no dancehall. Porém, apesar do que diziam os críticos, as vendas do CD falaram por si. Com apenas 27 semanas nas paradas, a música chegou a single de platina, com mais de um milhão de cópias vendidas. Não havia como negar que o resultado do experimento deles era popular.

O que pode ter preocupado mais Rihanna foi a acusação lançada pelo *Boston Herald* de que "o alcance dela era nulo e que as letras pareciam meio infantis para a multidão pós-adolescente".

"A última coisa que Rihanna queria ser era infantil", disse um amigo. "Ela estava preocupada com a responsabilidade de ter várias crianças se inspirando nela. Ela também queria ter o respeito da indústria musical. E podia não estar 100% certa sobre o que queria ser, mas sabia com certeza que não seria uma artista infantil."

Vender a música e a imagem dela para os jovens sem dúvida seria ótimo para sua popularidade, mas Rihanna também deve ter sentido um tom de falsidade, uma leve suspeita de estar traindo a si mesma. Ela estava crescendo rápido, e, embora ser considerada uma influência benéfica para adolescentes, com ênfase na moderação sexual e na castidade, fosse adequado naquele momento, o que aconteceria posteriormente, quando ela quisesse expressar o lado mais adulto de sua personalidade?

O Common Sense Media, um site que analisa a adequação dos meios de comunicação e dos produtos para crianças, deu à Rihanna sua aprovação, dizendo: "A música é viciante, as letras, inteligentes, a apresentação e a produção se destacam... Rihanna, ela mesma uma adolescente, oferece músicas tão quentes e brilhantes quanto um pôr do sol no Caribe." O fato de suas músicas serem consideradas boas para as crianças era positivo, mas isso não era certinho demais? Talvez. Mesmo que ela ainda não tivesse certeza do que queria ser, por enquanto estava feliz em deixar as rédeas da carreira para sua equipe de profissionais.

Felizmente, apesar de algumas críticas negativas, outras foram totalmente elogiosas. Segundo o *Daily Telegraph*, "ela cravou seu espaço no mundo do R&B feminino, graças à voz impressionante, à aparência de modelo e a uma bela história de superação". A crítica acrescentava: "Uma regravação confiante de 'You Don't Love Me (No, No, No)' a salva do anonimato artificial, enquanto a gíria que pede para os DJs tocarem seu single 'no replay' parece ser um desejo que será facilmente atendido pelo mundo." Ah, se todos os pedidos pudessem ser tão simples...

Para a felicidade de Rihanna, a Amazon chamou-a de "nova cara feminina do reggae", uma vez que a cantora sempre reclamou que a cena do estilo musical de Bob Marley era dominada por artistas do sexo masculino, tanto em Barbados quanto internacionalmente. Agora parecia que ela tinha chances reais de corrigir esse erro.

Já o site Sputnik rebateu as alegações de que Rihanna era ajudada quase totalmente pelo talento de grandes vocalistas e compositores que atuavam nos bastidores, destacando que "o talento de Sturken-Rogers e as nuances vocais de Rihanna andam de mãos dadas para fazer canções de qualidade".

Por fim, o site Star Pulse também ficou do lado dela, publicando: "De início fiquei tentado rotular Rihanna como outra Beyoncé-Ciara-Ashanti feita para ganhar dinheiro... Mas ela é encantadora, e não imitadora... Um dos álbuns de dance pop urbano mais envolventes do ano."

Quando Rihanna entrou no mercado, sofreu com ilusões de glamour e grandeza, mas logo percebeu que a vida moderna e excitante que sempre desejou não só não atendia às expectativas glamourosas dela como envolvia muito mais trabalho do que tinha imaginado. Contudo, bastou ler críticas entusiasmadas para fazer a carga de trabalho extremamente pesada valer muito a pena.

CAPÍTULO 3

DE VOLTA À TERRA DO SOL CONSTANTE

Enquanto Rihanna se preparava para cair na estrada em sua primeira grande turnê, patrocinada por uma marca de desodorantes, uma chuva de mensagens de fãs inundou a conta que ela mantinha no MySpace. Rihanna era o nome do momento em todos os blogs de R&B, enquanto seu single conquistava rapidamente os DJs. Fãs histéricos se derramavam em cartas de amor pela internet. As garotas queriam ser como ela, e os garotos, ficar com ela. Enquanto alguns escreviam declarações de amor, alegando saber que ela tinha um namorado, outros exclamavam com igual paixão: "Queria que ela fosse minha irmã!" Felizmente, Rihanna estava disposta a lidar com as multidões e o fez muito bem, com toda a atenção.

"Um dia eu estava numa sorveteria e havia um monte de crianças, eram umas 16, e elas começaram a pegar guardanapos e dizer 'Me dá um autógrafo, por favor?'", relembrou ela, empolgada, à MTV. "Aquele foi um momento e tanto para mim, porque eu costumava fazer isso. Eu via uma pessoa famosa e implorava pelo autógrafo dela. E quando aquelas pessoas pediram o meu, eu me senti honrada!"

Era um sonho realizado. No entanto, nem todos tinham boas intenções, e Rihanna mais uma vez teve de se defender dos boatos de que havia dormido com alguém para alcançar o sucesso. Ela estava descobrindo rapidamente o preço da fama.

Um dos colegas de escola de Rihanna disse ao Media Takeout: "Eu acredito até hoje que ela se jogou em cima do Jay-Z porque ela é extremamente promíscua... Hábitos antigos nunca se perdem."

Rihanna estava preparada para essas revelações, embora elas lhe causassem nojo. "Era como se dissessem 'Claro que ela teve que fazer sexo oral no Jay-Z para conseguir um contrato'. Esse boato estava em todos os lugares... e era muito nojento. Ele fazia com que eu me sentisse muito estranha, eu até ficava sem graça perto do Jay-Z", recorda.

E se ela acreditava que Barbados seria um porto seguro longe das críticas dos Estados Unidos, estava muito enganada. Na verdade, a rejeição era ainda pior em seu país natal. "É o jeito das pessoas de Barbados", disse ela ao *Observer*. "Eles sempre têm de encontrar um defeito, ficam esperando você errar. Por mais que eles aprovem seu sucesso e digam 'Continue assim', eles são muito orgulhosos, é mais fácil para eles dizer 'Sua vadia, você dormiu com o Jay-Z para conseguir um contrato'. Até hoje, quando volto lá, vejo as garotas na rua me desprezando e falando de mim."

Algumas garotas com quem convivera a vida toda se afastaram por completo, enquanto outras apenas lhe lançavam "olhares fulminantes". Segundo rumores, ela se dera tão mal na escola — e era tão dedicada a fazer farras — que repetiu de ano duas vezes.

O orgulhoso pai Ronald foi obrigado a intervir e dizer que, na verdade, ela tinha sido uma das mais inteligentes.

Ainda mais constrangedoras foram as acusações de atos pornográficos com seu mentor. Ela mal conseguia olhar Jay-Z nos olhos, até que, desconfiando que algo estivesse errado, ele lhe deu alguns conselhos de quem já tinha experiência.

"Um dia ele me ligou", contou ela ao *Observer*, "falando 'Ei, você não pode dar importância a esses boatos, não pode se deixar afetar pelo que os outros falam'. Os boatos começaram a ficar bem engraçados para mim depois disso".

Foi justamente nessa época que as histórias começaram a ficar cada vez mais surreais. Uma delas dizia que Beyoncé, então noiva de Jay-Z, tinha empurrado Rihanna escada abaixo num ataque de ciúmes, quebrando o próprio pulso por isso. Pior ainda, Rihanna se sentia obrigada a ler tudo o que escreviam sobre ela.

"Eu não sabia o que estavam falando. Volta e meia alguém me perguntava sobre [os boatos], e eu dizia, '*O quê?*'", brincou Rihanna. "Tenho de saber o que falam a meu respeito para estar preparada. Por isso, eu e meus amigos entramos em sites de fofocas na internet e procuramos por notícias. Mas é meio doentio o jeito como as pessoas leem aquilo e acham que é verdade e que sabem tudo a seu respeito."

Porém, quando a turnê começou, todo o estresse passou a valer a pena. Para ela, nada podia superar a emoção de milhares de fãs gritando seu nome. Um show que se destacou foi sua primeira apresentação para caridade, no City Place Mall, em Silver Spring, Washington. O show, que aconteceu em 8 de novembro de 2005, foi organizado pela estação de rádio local Hot 99,5 com o objetivo de arrecadar fundos para as vítimas do então recente furacão Katrina. Rihanna prometera à rádio um show de graça se eles vendessem todas as pulseiras, cuja renda iria para as vítimas. Quando um cheque de £6.000 foi apresentado à Hot 99,5, Rihanna apareceu, ao som dos gritos histéricos de seus novos fãs.

Ela contou com uma escolta da polícia para protegê-la de uma multidão que a adorava, embora de modo exageradamente empolgado. Os blogueiros falavam de "gritos excessivos" e brigas para ver qual integrante da plateia a descobrira primeiro ou era "seu maior fã". Para quem há poucos meses era anônima, a situação era de cair o queixo.

O show começou com a regravação de Dawn Penn que estava no álbum, "You Don't Love Me (No, No, No)", e terminou com um medley de refrões de artistas de todos os gêneros, entre eles Kanye West e Sean Paul. Um mar de celulares com câmeras surgiu sobre a cabeça de seus donos e não desapareceu até o último verso da última música. Para completar, de acordo com o Silver Chips Online, "a voz dela mal podia ser ouvida por cima do grave forte da música de fundo e dos adolescentes declarando seu amor por ela". Por fim, Rihanna fez uma saída ao estilo rock 'n' roll, escoltada de novo pela polícia e sumindo de vista rapidamente.

Os shows ao vivo eram uma oportunidade para Rihanna criar uma identidade própria e afastar as incontáveis referências a ela na mídia como "a Beyoncé dos pobres". De acordo com a imprensa, as semelhanças entre as duas não estavam apenas na aparência. O *Daily Telegraph* publicou que "Let Me" era uma "imitação barata de 'Naughty Girl', da Beyoncé", enquanto a revista *Slant* chamou "Pon De Replay" de "mistura de dancehall com pop que deve muito de seu suor e ritmo a 'Baby Boy', da Beyoncé".

Talvez as comparações fossem inevitáveis, graças à ligação com Jay-Z, mas para ela, que queria desesperadamente ser reconhecida como cantora por seus próprios méritos, os comentários incomodavam.

Os boatos de uma briga entre as duas estrelas do pop também estavam chegando ao ápice. Contudo, Rihanna pelo menos conseguiu afastá-los com um relato sobre a primeira vez que encontrou seu ídolo. "Fiz um show, e a Beyoncé apareceu", contou Rihanna à revista *InStyle*. "Eu gelei. Só consegui falar baixinho: 'Você é meu ídolo, obrigada por vir!', e ela respondeu: 'Ah, você é tão gentil!'" Não foi a briga que a mídia esperava.

Para quem ainda tinha dúvidas, Rihanna deixou bem clara sua paixão no mês anterior com a participação num show em tributo ao já encerrado Destiny's Child. Ao lado dela estavam sensações pop como Amerie e Teairra Marí, que assinaram contrato naquele ano — sendo que Marí também pertencia ao selo de Jay-Z. Junto, o trio apresentou, em 13 de setembro, uma versão de "Lose My Breath" no MTV World Music Awards. Essa era a canção que Rihanna ouvia repetidamente antes de assinar seu contrato, por isso ela sabia de cor todos os passos da coreografia. Mal sabia ela que, meses depois, a estaria cantando num palco de verdade. Os passos de dança que ela criara por diversão acabaram servindo como um teste. E, como ela fez questão de dizer, definitivamente não havia clima ruim entre ela e Beyoncé. "Ela foi uma grande influência para mim desde a minha infância", confirmou Rihanna ao site Digital Spy.

Enquanto isso, em vez de brigar, ela estava trabalhando com afinco, pagando as contas e se apresentando para quem quisesse assisti-la. Isso significou até fazer shows em locais pouco convencionais, como a loja de brinquedos Toys "R" Us, mas ela não desanimou. Mesmo com o risco de ameaça à sua credibilidade como uma artista séria, ela estava disposta a tocar em qualquer lugar se isso a ajudasse a alcançar o sucesso.

"Rihanna é batalhadora", confirmou o produtor Evan Rogers. "Ela adora o que faz, e isso facilita nosso trabalho. É extremamente difícil fazer sucesso no mercado norte-americano, mas Rihanna conseguiu, e parece ter um futuro brilhante pela frente."

Ela corroborou a opinião de Evan ao adicionar a filmagem de um clipe para "If It's Loving that You Want" à sua já caótica agenda. O clipe foi uma oportunidade para Rihanna voltar às raízes, pois foi filmado num trecho do paradisíaco litoral californiano cuja paisagem lembra a de seu país natal. A trama era genérica, mostrando uma Rihanna jovem, bronzeada e fotogênica seduzindo a câmera, rolando na areia da praia de modo provocante enquanto dançava no litoral.

"Este vídeo é sobre diversão, tem o clima do Caribe", disse Rihanna à MTV nas gravações do clipe. "Fizemos um estilo sereia na praia, e estou dançando e cantando para a câmera como se fosse para meu namorado… Será incrível." Na verdade, dançar na frente das câmeras virou algo natural para ela, que acrescentou: "A música basicamente diz para um cara: 'Se é amor o que você quer, você tem de me escolher para ser sua namorada, porque eu tenho o que você precisa!'"

O vídeo também deu a ela uma ótima oportunidade para se divertir. Além de dança do ventre, havia cenas num jet ski — que Rihanna precisou aprender a pilotar. Apesar de vir de uma cidade costeira caribenha, ela nunca tinha andado em um. Como parte de uma família de baixa renda, nunca tivera acesso a tais luxos. A lacuna entre sua origem modesta e a vida de brilho e glamour inegáveis na qual estava entrando estava começando a ficar clara.

Na verdade, Rihanna parecia determinada a compensar o tempo perdido. Como contou à MTV, "a água estava muito fria, mas, nossa, como a gente se divertiu! Jogávamos os jet skis um em cima do outro, foi muito bom!"

A pressão voltou em 3 de novembro, porém, quando ela foi indicada a seu primeiro prêmio, o MTV Europe Music Awards, em Lisboa. Ela competiu com Kaiser Chiefs, James Blunt, Daniel Powter e Akon pelo título de Melhor Artista Revelação. Em 21 de novembro, ela se apresentou no lançamento de um canal de música caribenha da MTV e pouco tempo depois se juntou ao jamaicano Elephant Man para fazer um remix oficial de "Pon De Replay". "Nós o escolhemos porque é uma música empolgante, e precisávamos de um gás!", disse Rihanna à MTV. "E o Elephant Man? Ele tem energia de sobra!"

Agora, seus compromissos aconteciam em grande número e velocidade, às vezes exigindo que ela visitasse mais de uma cidade por dia. Mas o trabalho árduo finalmente estava começando a dar resultado: Rihanna conseguiu o luxo de um jatinho particular para ir a todos os seus compromissos. Ela finalmente estava vivendo seu sonho.

Em novembro também aconteceu o lançamento oficial de "If It's Loving that You Want", que alcançou uma posição modesta, porém respeitável nas paradas, chegando ao 36º lugar nos Estados Unidos e ao 11º no Reino Unido, ficando entre as dez mais na Austrália, Nova Zelândia e na terra natal do pai de Rihanna, a Irlanda.

Mais ou menos na mesma época, veio a notícia de que ela fora indicada em nada menos que dez categorias no primeiro Barbados Music Awards. Depois disso, Rihanna também foi escolhida como garota-propaganda da ilha para turistas do mundo inteiro, com uma série de comerciais de TV de trinta segundos. "Fiquei muito emocionada por conseguir um papel, ainda que pequeno, para ajudar a promover Barbados, o país onde cresci e que fez de mim quem sou", disse ela, empolgada, à revista *Groove*. "Tentarei continuar usando minha criatividade para destacar Barbados, para que todos saibam que é um país maravilhoso!"

Ela ficou radiante, mas a empolgação foi ao mesmo tempo doce e amarga para Rihanna. Nos bastidores, ela começou a sofrer ataques, liderados pelos que não aprovavam suas ações, e o sentimento dessas pessoas se espalhou pela ilha. Na verdade, a situação ficou tão complicada que até o ministro da Cultura do país, Stephen Lashley, deu uma declaração pública em apoio a ela, referindo-se a Rihanna como um talento local e dizendo que ela deveria ser admirada em vez de criticada.

Rihanna não esperava tantas críticas. Seja por inveja, conservadorismo ou antipatia pessoal, ela causava polêmica apenas com sua presença. Em 9 de janeiro de 2006, ela voltou à sua cidade natal para a cerimônia de premiação realizada no Sherbourne Centre, em Bridgetown. Com ela estava a ex-instrutora militar de seu tempo de cadete, Shontelle Layne. A presença dela não foi surpresa, pois as duas já tinham se encontrado nos Estados Unidos, quando Rihanna descobriu o sonho secreto de Shontelle de chegar ao primeiro lugar nas paradas. Shontelle contou à revista *US*: "Por mais que tenhamos crescido juntas, uma não fazia a menor ideia de que a outra queria ser cantora. Eu me lembro da primeira vez que nos vimos em Nova York, e ela tinha acabado de assinar o contrato. A gente ficou, 'Ai, meu Deus, isso é muito louco. Eu não sabia que você queria ser cantora!'. E ela disse, 'Cara, eu não sabia que você queria ser cantora!'."

Rihanna pode ter temido as punições pesadas impostas por Shontelle aos cadetes, mas, como Shontelle costumava brincar, agora ela é que era "a chefona", porque a ex-instrutora militar tinha apenas duas indicações, enquanto Rihanna tinha dez. Rihanna ficou sobrecarregada de prêmios naquela noite, ganhando as categorias de Melhor Álbum de Reggae/Dancehall, Melhor Single de Dance Music, Melhor Artista Revelação, Artista Feminina com Maior Número de Vendas, Música do Ano, Artista Feminina do Ano, Álbum do Ano e, por fim, Artista do Ano.

Algumas pessoas devem ter se perguntado, ao vê-la recebendo tantos troféus, se ela era a única cantora do país. Certamente não, mas definitivamente ela era a mais famosa. Nessa época, *Music of the Sun* tinha ficado entre as dez mais da parada da *Billboard* americana e venderia dois milhões de cópias pelo mundo, sendo 69 mil só na primeira semana do lançamento.

Quando se tratava de representar o país, parecia que ela estava entre amigos, pois Shontelle ganhou na categoria Compositora do Ano. Se isso inspirou uma pontada de ciúme em Rihanna, que permitia que outros escrevessem a maioria de suas canções, ela não demonstrou. O clima da noite era de rivalidade amigável.

Mas a comemoração de Rihanna logo foi acompanhada por críticas. Até o vestido usado por ela na cerimônia virou motivo de ásperas especulações. Um fã reclamou num fórum da internet: "Rihanna é linda e talentosa. Ela não precisa usar um vestido como aquele de ontem para conseguir fama. Você acha que se ela tivesse aparecido com mais elegância e mais roupa ela seria menos popular?"

A pergunta ficou no ar enquanto Rihanna agradecia publicamente aos moradores de Barbados por "me apoiar de verdade". Apesar do sorriso para as câmeras, ela estava fervilhando de raiva pela recepção que tivera de seus compatriotas. Ela os acusava de hipocrisia, porque a usavam como ferramenta para promover o país, mas criticavam-na sempre que podiam. Como consequência, alguns habitantes de Barbados também rotularam Rihanna de hipócrita por ter falado publicamente o quanto adorava seu país, mas, a portas fechadas e para a imprensa internacional, não ter mostrado pudores em criticá-lo.

"Falam um monte de besteiras a meu respeito o tempo todo", desabafou ela à *Entertainment Weekly*. "Mas eu penso: 'Que se dane, ainda faço isso porque adoro o que faço e ninguém vai me impedir.' Fico realmente chateada porque [são] pessoas que eu tento promover, tento divulgá-las o máximo que posso. Sabe, eu não precisava colocar tridentes [o símbolo da bandeira de Barbados] em meus clipes. Não precisava nem dizer que sou de Barbados. Mas eu faço tudo isso, e as pessoas não dão valor."

Para outros, no entanto, ela se emocionava com a honra de representar Barbados, dizendo a um dos jornais de circulação nacional da ilha, o *Weekend Nation*: "Eu amo Barbados, e tudo o que puder fazer para divulgar o país e agradecer à ilha farei com prazer. Barbados me deu uma base, e eu agradeço muito por isso."

O lado negro de sua relação de amor e ódio com o país continuou a se mostrar quando ela deu entrevista ao *Guardian*. "Em Barbados, temos essa coisa de orgulho. As pessoas odeiam elogiar. Parabenizar alguém chega a doer fisicamente. Eles acham mais fácil ser cruéis."

Mas toda essa polêmica inspirou Rihanna para seu novo álbum. Ela voltou ao estúdio para ensaiar mais ou menos um mês depois de seu álbum de estreia ter sido lançado, tentando preparar seu novo trabalho. E agora ela começava a gravar a sério. "Sentimos que era o momento", disse ela, explicando ao Artist Direct sua decisão incomum de começar rapidamente a trabalhar. "Não fazia sentido esperar. Nunca se deve dar uma pausa na música. Nunca se deve dizer 'Ok, o *Music of the Sun* precisa ter pelo menos um ano e meio de existência antes de começarmos o próximo'. Não, isso é que é ótimo no ramo da música: quando você acha que é o momento, você vai fundo... E nós mergulhamos de cabeça."

Mas ainda havia alguns sacrifícios a serem feitos. Noites de sono perdidas, olheiras e uma quantidade generosa de corretivo viraram parte de sua realidade. "A gente ainda estava promovendo o primeiro álbum e os primeiros singles, e tínhamos de encaixar [as gravações] onde dava. No fim do dia, por exemplo. E assim, às vezes começávamos às 23h30... Não tinha horário", disse Rihanna ao site MP3.

Ela precisou sacrificar horas de sono e tempo livre. E se esforçou para promover "Let Me" como terceiro single de *Music of the Sun*, dizendo à MTV: "É uma música bem safada, tem clima de pegação. Estou basicamente dizendo para esse cara, 'Deixe-me fazer essas coisas com você'. É bem sexy."

Infelizmente, por falta de tempo, o single nunca viu a luz do dia no Ocidente. Ele foi lançado somente no Japão para empolgar os fãs que ela conquistara abrindo para Gwen Stefani na turnê Harajuku Lovers no ano anterior.

Enquanto esse single era divulgado para uma plateia limitada, Rihanna estava trabalhando em sua primeira nova faixa, "SOS". A música descreve um caso de amor viciante com um homem de quem ela não consegue se afastar e que domina todos os seus pensamentos. "É sobre ser resgatada dessa sensação louca que esse homem me causa, por isso eu peço ajuda", disse ela à MTV. Por trás do triste malabarismo vocal de Rihanna, através do qual ela implora ajuda e alega ter perdido a cabeça, está um *sample* cuidadosamente inserido do clássico "Tainted Love", gravado pela dupla britânica de tecnopop Soft Cell em 1982.

Muitas pessoas, tanto antes quanto depois, regravariam a música — do grupo sensação do pop burlesco Pussycat Dolls ao rock gótico de Marilyn Manson e do ultracamp de Boy George —, mas, de acordo com os fãs, nenhuma interpretação foi tão marcante quanto a de Rihanna.

O OMM descreveria a canção como "escandalosamente grudenta" enquanto, de acordo com o *Observer*, era "uma bela tentativa de dominar o mundo." E realmente parecia aos espectadores que, apesar de seus protestos por não estar no controle, Rihanna queria exatamente isso, com a canção buscando um lugar nas paradas. "Nós sabíamos de cara que seria um single", disse um técnico de estúdio que não quis se identificar. "Christina Milian recusou a música, mas a equipe de Rihanna não pensou duas vezes. Para eles, era um sucesso instantâneo."

Rihanna teve de confiar no julgamento dos outros porque, embora já tivesse ouvido a música do Soft Cell, não fazia ideia se seria comercialmente viável nos Estados Unidos. E o synthpop não era o único estilo novo que ela estava explorando e ao qual acrescentava seu toque pessoal. Ela não precisou de muita persuasão para flertar com o rock.

"Durante minha infância em Barbados, eu quase não ouvi rock", explicou à MTV. "A gente gostava mesmo era de reggae, soca e hip-hop. Conheci vários tipos de música [quando cheguei aos Estados Unidos]; o rock foi um deles, e me apaixonei. Agora eu amo rock." Mas isso não significou que estava prestes a trair suas raízes da ilha, pois dizia, empolgada: "Sou superinspirada pelo reggae. Faz parte de mim desde que nasci."

A solução foi criar uma faixa que misturasse os dois — uma combinação de rock e reggae —, e essa música era "Kisses Don't Lie". Ela se inspirou ao ver Gwen Stefani flertando com os dois gêneros todas as noites no Japão, mas buscava produzir algo mais poderoso, no estilo de "Welcome to Jamrock", de Damien Marley. "Decidi que queria ser criativa, juntando um pouco de rock com reggae", disse ela à MTV, "mas o álbum não tem influência do rock o tempo todo, só nessa música".

Assim como o som une guitarras pesadas a uma batida de reggae incongruente, a letra também trata de dois opostos. Tentada pelos beijos de um amante, ela tem medo de baixar a guarda antes de saber se ele está sendo sincero. A incerteza quanto ao romance fictício também refletia o que ela sentia em relação aos homens na vida real. "Agora, toda vez que conheço alguém, sempre fico na defensiva", contou ela à revista *Men's Fitness*. "É como um reflexo. Ele dá em cima de mim, e eu levanto a guarda. Por exemplo, procuro todos os motivos para ele não ser o cara certo. Eu o avalio o tempo todo. Os caras sofrem comigo às vezes. Alguns são bem malandros, mas eu sei lidar com eles."

Na luta entre o coração e a razão em "Kisses Don't Lie", não fica claro quem vencerá, mas musicalmente essa dúvida não existe: tanto o rock quanto o reggae vieram para ficar. O Pop Matters elogiaria o quanto a música tinha a cara de Rihanna, dizendo: "Não acho que seja coincidência o fato de ela ter o crédito de coautora. Dá para ver que ela estava inspirada ali."

Rihanna sentia o mesmo, como disse ao Artist Direct: "Ah, sim, a música é bem próxima do que eu sentia naquela época. Era muito mais pessoal. Tudo ali fala de como é ser uma garota como eu."

Infelizmente para Rihanna, "Dem Haters" também se encaixa nessa descrição. A música, que usa um alegre ritmo de reggae para falar de amigos falsos e invejosos, tem no vocal um aviso bem claro para quem inveja o sucesso dela. Foi exatamente assim que ela se sentiu quando foi recebida ao voltar para casa.

O conselho de turismo a enchera de elogios, com o executivo Bill Silvermintz dizendo, emocionado: "Rihanna é uma barbadiana de destaque e deve ser elogiada pelo seu amor ao país e por sua inteligência. Ela virou porta-voz de Barbados e não cobra um centavo por isso."

Mas o carinho dele era rebatido pelos vários outros que pareciam odiar Rihanna com toda força. As pessoas que ela esperava que a parabenizassem ainda a rejeitavam. Alguns diziam que ela tinha virado uma pessoa deslumbrada, vendendo a alma — e possivelmente o corpo — para conseguir um lugar no mundo da música. Outros a desprezavam, acusando-a de promiscuidade e alegando que ela dormira com o namorado de suas amigas. Para outros ainda, suas roupas eram ousadas demais para o rígido código moral da ilha. Foi até sugerido que Rihanna não era uma verdadeira barbadiana, por ter a pele clara demais.

Além disso, havia um debate mais complicado acontecendo. Alguns barbadianos faziam objeção à aparente influência dos ritmos calipso e soca na música de Rihanna. O problema ainda era o doloroso legado da escravidão colonial na ilha.

Paul Browne, que frequentava as mesmas igreja e escola de Rihanna, explica: "O calipso foi desenvolvido durante a escravidão, era um jeito de se vingar dos brancos com músicas e danças irreverentes, geralmente zombando deles, que oficialmente permitiam essa expressão cultural."

Na verdade, a história sombria do calipso tem raízes na reação dos escravos aos costumes da metrópole que foram exportados para as colônias francesas, como o Carnaval. Aos escravos restava apenas assistir com tristeza às comemorações coloridas e glamourosas que aconteciam ao redor deles, até que, um dia, num momento de vingança, eles decidiram fazer sua própria música.

Contudo, embora os fazendeiros tenham feito vista grossa para o ritmo, a Igreja não seguiu o mesmo caminho.

Paul continua: "Na época, assim como hoje, a Igreja nunca aceitou que 'os nativos ficassem agitados' e exigia obediência aos senhores e respeito à autoridade. Mesmo que as ilhas tenham obtido independência política, a Igreja e as grandes empresas ainda eram conservadoras e continuavam a achar essa forma de expressão cultural inútil."

Era uma reprovação compartilhada por alguns dos "haters" [odiadores, em português] de Rihanna. Alguns achavam que os ritmos simbolizavam a escravidão, um passado trágico ao qual eles não deveriam estar ligados e que seria melhor esquecer. Enquanto isso, outros temiam uma revolta e preferiam manter as coisas como estavam. Por vários motivos, então, houve uma discussão na época questionando se o calipso deveria ser banido ou não.

Mas outros argumentaram que, mesmo com os grilhões, as vítimas se levantaram contra a escravidão, e essa capacidade de resistência deveria ser celebrada em vez de esquecida. Eles ficaram ofendidos com a sugestão de que uma parte tão importante de sua história fosse apagada. Mas apesar de o que esses barbadianos consideravam "censura" de sua cultura, outros permaneciam devotamente religiosos e leais à Igreja.

Boa parte dessas pessoas simplesmente não estava feliz com Rihanna — e eles achavam ainda mais ofensivo que uma garota "meio branca" estivesse "debochando" deles ao se voltar para a cultura do calipso. "Isso é totalmente absurdo", diz um amigo de Rihanna, "e quem acredita nisso é maluco!". Mesmo assim, a loucura continuava.

"Dem Haters" era um espelho de todo o conflito pelo qual Rihanna passava. Ela deu ao cantor barbadiano independente

Dwane Husbands uma participação importante nessa faixa. Um ex-zelador que nutria uma paixão secreta pela música e com singles já lançados na ilha, ele canta na segunda estrofe. Com esse gesto, Rihanna queria provar que não se opunha a todos os barbadianos, apenas aos que a tratavam mal e pareciam estar contra ela.

A estrofe de Dwane recomendava que ela não deixasse seus inimigos saberem o quanto ela sofria. Segundo Rihanna, essa era a história de sua vida. Ela odiava expor suas fraquezas e vulnerabilidades, e as guardava para si, por não querer dar aos outros a satisfação de saber que o desprezo deles a chateava.

Ela guardou bem seu segredo. O Pop Matters publicou depois: "Sim, é horrível ter alguém que te odeie por perto, mas a ideia que a música passa é de que ela ficará bem. Rihanna só quer que você saiba, caso tenha alguém falando mal de *você*, o que se deve fazer para lidar com isso." De acordo com os críticos, ela parecia intocável — e era exatamente isso o que ela queria. Ela cantava sua angústia e, ao mesmo tempo, criava uma reputação de mulher forte.

O clima sombrio continuou com "Unfaithful", a primeira grande balada de Rihanna. A ideia para a música veio das lembranças da infidelidade que ela tinha cometido em Barbados quando tinha 14 anos. "Não era um relacionamento sério, mas escondi minha traição por um bom tempo", admitiu. "Chegou ao ponto em que eu sabia que ele sabia, então tive de contar para ele. Precisava desabafar porque eu não queria mais estar naquele relacionamento. Eu odiava traições, então foi um alívio admitir o que eu tinha feito."

A música também parecia citar o filme *Infidelidade*, estrelado por Richard Gere, porém dando um tom mais dramático e sombrio à trama. O filme conta a história de um triângulo amoroso em que a mulher arrisca o relacionamento sólido e confiável que tem com o marido para embarcar num tórrido caso de amor com um rapaz persuasivo, embora totalmente inadequado. Em seguida, ocorrem encontros clandestinos e momentos de paixão secreta, mas a situação muda quando o marido descobre a traição. Furioso, confronta o amante da mulher e, no ápice da discussão exaltada, ele o mata.

Na versão de Rihanna, o desfecho macabro continua, mas os papéis se invertem: não querendo ser mais uma adolescente volúvel na dúvida entre o afeto de dois homens, Rihanna se escalou para o papel de assassina. "Nessa música eu assumo o papel [do] assassino", disse ela à MTV. "Eu tiro a vida desse cara quando o magoo com minha traição. Ele sabe e se sente muito mal por isso. O fato de saber que outro cara está me fazendo feliz o faz morrer aos poucos." Ela continua a explicação: "Adoro essa música porque a gente sempre diz que os caras traem e finalmente alguém mostra outro ponto de vista. Mulheres também traem."

A dupla Stargate foi chamada mais uma vez para essa faixa — mas será que Rihanna agiu bem? Eles já tinham trabalhado com ela antes, mas uma equipe responsável pelo som pop chiclete e pré-adolescente de "S Club Party", do S Club 7, seria a escolha certa para assuntos tão sérios? Eles tinham acabado de trazer o cantor Lionel Richie de volta às paradas com "I Call It Love", seu primeiro sucesso R&B em dez anos, e estavam no ápice. Mas seria esse o ápice que Rihanna queria?

Eles estavam trabalhando num álbum que ela esperava que fosse mais forte e representativo de uma garota cuja experiência de vida lhe dera uma "casca grossa". Afinal, a infância de Rihanna nunca envolveu festinhas de aniversário ou sonhos com o casamento perfeito com o namoradinho de infância a quem ela se dedicaria pelo resto da vida. O mundo dela era de farras, violência doméstica e vício em crack. Será que o Stargate conseguiria traduzir numa canção o que ela tinha em mente? E se não conseguissem, o que ela poderia fazer a respeito?

Mais uma vez, porém, o Stargate não a decepcionou. Notas dramáticas no piano aumentavam a atmosfera de tensão enquanto ela cantava sobre sua traição cruel, que destruiria o mundo do amado.

Essa faixa teve outra participação especial no estúdio: Ne-Yo, que tinha acabado de estourar na mídia. Embora compusesse e cantasse desde meados dos anos 1990, ele só virou um nome na indústria musical quando fez uma canção chamada "Let Me Love You" para outro cantor, Mario. A música ficou no primeiro lugar na parada da *Billboard* por nove semanas no começo de 2005.

Rihanna ouviu o trabalho dele e ficou imediatamente impressionada. "Eu fiquei tipo: 'Caramba, quem fez essa música?'", lembrou ela à MTV. "E todo mundo falava: 'Ne-Yo, Ne-Yo, foi esse cara, o Ne-Yo.' Um dia eu estava no estúdio trabalhando em "If It's Loving that You Want", e o Ne-Yo deu uma passada lá. Aí nós finalmente nos conhecemos, e ele falou 'Pois é, a gente tem que trabalhar juntos', mas não deu para fazer isso no primeiro álbum. Então no segundo eu falei: 'Quer saber? Eu tenho de trabalhar com o Ne-Yo.'"

A persistência deu certo, e a participação dele em "Unfaithful" criaria uma faixa que ela depois descreveria como uma de suas favoritas no álbum. Ela disse: "Ele é uma das pessoas mais gentis que já conheci e com quem já trabalhei."

Com Ne-Yo e Stargate envolvidos, Rihanna estava confiante quanto ao sucesso do álbum. E sentia o mesmo quanto a "We

Ride", uma música de dor de cotovelo também coproduzida por Stargate. "'We Ride' fala de um cara que promete mundos e fundos e não cumpre nada, o que é triste. Mas é verão, e não estou nem aí", explicou ela à MTV. "Se você quiser ser uma pessoa horrível e infiel, então posso relaxar com minhas amigas e me divertir. É para isso que serve o verão... A cada verão você se lembra de um relacionamento, e tem sempre uma música que você associa àquele momento. 'We Ride' é uma dessas músicas."

De Justin Timberlake a Lady Gaga, todo mundo já escreveu sobre amores de verão — a versão de Rihanna só era um pouco diferente. Arrependimento, promessas não cumpridas e amargura, bem como os momentos de fraqueza em que ela esperava a volta do amado são superados pela proposta de um dia de mulherzinha na praia sob o sol do verão.

Devido à agenda atribulada de Rihanna, o álbum foi gravado durante suas viagens pelo mundo, incluindo Los Angeles, Nova York e Barbados, mas o destino mais especial para ela foi o local onde "Break It Off" foi composta. Ela se juntou a Sean Paul, que também cantou em "Baby Boy", de Beyoncé, para uma colaboração num dancehall na Jamaica, onde ele nasceu. A canção, que mostrava um diálogo quente entre um casal de namorados esperando para ficar juntos, foi parcialmente inspirada pela lenda do reggae Bob Marley.

"Tenho muito amor e respeito pelo Sean Paul", contou Rihanna ao site Pop Matters sobre sua experiência de gravação. "Ele me levou para visitar o museu do Bob Marley antes de ir ao estúdio, o que foi uma experiência incrível. Quando finalmente fomos gravar, era como se o espírito de Marley estivesse lá com a gente." E o local de descanso do falecido cantor ficava a poucos quilômetros dali, no vilarejo de Nine Mile.

Enquanto isso, no álbum, o clima mudava rapidamente do desejo suave de "Break It Off" para a obsessão total em músicas como "Selfish Girl", em que Rihanna é consumida dia e noite por pensamentos sobre o homem que ama.

"Crazy Little Thing Called Love" também tem um tema parecido, lembrando "Crazy in Love" e "Dangerously in Love", da Beyoncé. Tal como a esposa de Jay-Z, Rihanna fica horrorizada ao acordar um dia e descobrir que o desejo pelo namorado é tão grande que ela perdeu tanto a sanidade quanto o orgulho. Embora Rihanna não seja creditada como coautora, a letra foi personalizada para ela, citando um diálogo ocorrido entre ela e uma de suas melhores amigas, Leandra Griffith. J-Status também faz uma participação para dar uma apimentada na música.

Enquanto isso, o amor fica ainda mais perigoso em "Final Goodbye", uma versão moderna da história romântica de Romeu e Julieta na qual uma garota que poderia viver ou morrer pelo seu amado se prepara para dar o último suspiro ao lado dele.

Outras histórias de amor do álbum estão em "P.S. (I'm Still not Over You)" que mostra arrependimento pela perda de um amor perfeito, e "A Million Miles Away", história de um relacionamento que acabou perdendo a chama, deixando apenas um sentimento falso para trás. Contudo, sem dúvida, a canção mais poderosa do álbum é "A Girl Like Me", que tinha o objetivo de mostrar a versatilidade de Rihanna. Ela não só dominou o rock, o reggae, o dancehall e o pop, como também gravou um belo soul que poderia muito bem estar num álbum de Craig David. Ela tem o clima de "você consegue dar conta do que tenho para te dar?" de "Bootylicious", do Destiny's Child —, mas com o instrumental adaptado para uma canção de amor deprê —, enquanto o refrão lembra "Fill me In", de Craig David. Violões espanhóis oníricos completam a canção.

Aqui, Rihanna se sente como alguém que não se encaixa na sociedade e procura um homem que consiga entender e apreciar o que ela tem de diferente, o que a separa das outras pessoas. Esse foi o tema do CD inteiro. "Ele se chama *A Girl Like Me* [Uma garota como eu] porque é um álbum muito pessoal", revelou ela ao Artist Direct. "É o meu filho. Fala exatamente de como é ser uma garota como eu, de experiências pessoais e de coisas que garotas como eu enfrentaram... O álbum tem letras animadas, outras sobre relacionamentos. E também fala de manter quem te odeia longe de você. Falamos de tudo. Tudo o que me diz respeito."

Mas o toque pessoal não se estendeu ao controle criativo no estúdio. Rihanna, tímida, se continha, preferindo deixar que outros tomassem as decisões principais. Quando perguntada sobre o quanto de controle ela teve sobre as decisões relacionadas às músicas e às gravações, ela disse ao site MP3: "Por mais que no fundo eu queira isso, não gosto de estar muito no controle e de ser dominante demais. Gosto de ouvir outras pessoas, pegar as opiniões alheias, porque eu as respeito, especialmente em termos criativos. Eu peço conselhos aos produtores."

Infelizmente, essa entrevista deu munição para os que acreditavam que ela era uma marionete, sob o controle dos executivos do mundo do show business. Se o site estava tentando fazer com que ela admitisse ser fabricada, ela caiu direitinho na armadilha. Um crítico, que não quis se identificar, alegou: "Numa entrevista, perguntaram à Rihanna que músicas do CD ela achava que a representavam melhor. E ela teve de conferir a lista de faixas antes de responder!"

Porém, confiar na opinião da gravadora não a queimou tanto assim. Ela tinha odiado "Pon De Replay" inicialmente, mas deixou suas reservas de lado e gravou a música, que virou single de platina. Talvez Rihanna ainda estivesse buscando sua identidade e, tendo apenas 18 anos, ainda não estivesse pronta para controlar seu destino.

Em vez disso, ela se dedicou à preparação para o álbum. Àquela altura, uma série de acordos de patrocínio lucrativos foi feita, o que levou os críticos a dizerem que isso iria "esvaziar ainda mais" sua identidade. A partir daquele momento, numa época em que ainda estava se descobrindo, ela passou a promover roupas esportivas da Nike, jeans da JC Penney e celulares Nokia — um deles apareceu no clipe do principal single do álbum, "SOS". Será que Rihanna era apenas um outdoor para pendurar grandes marcas ou uma artista com méritos próprios?

Foram feitos três clipes promocionais para "SOS". Um foi para a marca de lingerie Agent Provocateur e mostrava um hotel que se transformava em boate assim que Rihanna entrava. O segundo, para a Nike, apelava para o instinto competitivo dos espectadores mostrando uma competição de dança num ginásio. Um vídeo de malhação interativo com o coreógrafo de Rihanna, James King, onde ele ensina a recriar os passos de dança usados por ela, foi disponibilizado para download. O vídeo promovia uma recém-lançada linha de roupas de dança da marca.

Por fim, um clipe oficial foi produzido para os canais de música, mostrando Rihanna num vestiário de escola. Até essa versão se mostrou totalmente associada à publicidade, com Rihanna carregando um telefone Nokia 3250, que ela usa para pedir ajuda quando suas emoções apaixonadas tomam conta de si, e também ouvindo uma faixa original do Soft Cell, "Tainted Love".

Os três clipes têm uma coisa em comum: embora Rihanna esteja cantando sobre um interesse amoroso que a deixa louca, por fora ela era a própria imagem da perfeição. Contando com uma equipe de maquiadores, artistas e estilistas sempre a postos, ela parecia tudo, menos fora de controle. Além do mais, seu single teve uma ascenção meteórica após o lançamento em 7 de março de 2006, dando a Rihanna o primeiro lugar pela primeira vez nos Estados Unidos. Ele também chegou ao primeiro lugar na Austrália e em segundo no Reino Unido e na Alemanha. Em geral, ele vendeu mais de quatro milhões de cópias no mundo inteiro.

Mas o maior teste ainda estava por vir. Rihanna se dedicou aos preparativos para o álbum com entrevistas, turnês promocionais, ensaios, aulas de canto, sessões intensivas de dança, malhação e, claro, os odiados deveres escolares. O dia D foi em abril, quando *A Girl Like Me* finalmente chegou às lojas. Mas ela nem precisava ter se preocupado: as vendas na primeira semana foram o dobro das de *Music of the Sun*, chegando a 115 mil cópias. Ele alcançou o primeiro lugar no Canadá e o quinto no Reino Unido.

Porém, o upgrade veio mesmo em 8 de setembro, quando ela se apresentou no Fashion Rocks, um evento badalado e cheio de estilo que marca o início da Semana de Moda de Nova York de outono/inverno. Embora Beyoncé, Christina Aguilera e Scissor Sisters também tenham se apresentado, os fãs de Rihanna dizem que ela roubou a cena fazendo um dueto com Elton John, numa interpretação da clássica música de autoria dele, "The Bitch Is Back". Na mesma semana, sua nova incursão no mundo da moda deu a ela a oportunidade de superar a sempre glamourosa Beyoncé em sua própria festa de aniversário, quando as duas foram fotografadas juntas.

Naquela época, Beyoncé ainda era a artista mais poderosa do R&B — e tinha vários prêmios para comprovar isso —, mas

Rihanna ganhava terreno rapidamente. No Video Music Awards que acontecera no mês anterior, em 31 de agosto, ela tinha conquistado duas indicações, nas categorias de Melhor Artista Revelação e Escolha da Audiência.

E embora tenha sido derrotada nas duas ocasiões, ela comemorou as indicações com uma tatuagem nova. Na verdade, a obsessão por arte corporal era a forma favorita de Rihanna para relaxar. "Quando estou em Nova York, depois de todos os ensaios fotográficos e das apresentações, nos momentos em que eu deveria estar descansando, às vezes me visto e vou dar uma volta nas lojas de tatuagem do SoHo", confessou ela. "Fico intrigada com tatuagens. Tem toda uma cultura ali, e gosto de pesquisá-la."

Para comemorar as indicações, ela e a melhor amiga, Melissa Forde, que Rihanna mandara vir de Barbados em seu jatinho, foram à cidade para ter símbolos de amizade idênticos tatuados atrás da orelha direita. "A gente tinha de fazer alguma loucura", justificou Rihanna.

As aulas de estilo, no entanto, pareceram ter sido um pouco demais quando, no VMA, Rihanna apareceu usando saltos perigosamente altos e caiu. Saltos de 15 centímetros eram um mundo totalmente novo para uma ex-menina moleque que estava acostumada a usar apenas rasteirinhas em público.

No dia seguinte, porém, Rihanna voltou à programação normal, posando com um vestido longo rosa em tom pastel para o elogiado fotógrafo David LaChapelle. Uma equipe de maquiadores cuidava de deixar sua boca mais volumosa com nada menos que 38 opções de cosméticos, enquanto Rihanna se distraía fazendo massagem nas costas de Kanye West — tudo isso num dia de trabalho.

Enquanto ela vivia uma vida de luxo na estrada, "Unfaithful", que fora lançada oficialmente em 17 de julho, subia rapidamente nas paradas, chegando ao sexto lugar nos Estados Unidos e em segundo no Reino Unido, perdendo apenas para o pop com toques latinos de Shakira e de Wyclef Jean, com "Hips Don't Lie". O single acabou vendendo 4,5 milhões de cópias.

E o hino "We Ride", lançado em 21 de agosto, também vinha com tudo. Era mais leve que sua antecessora, tratando dos aspectos volúveis dos relacionamentos adolescentes em vez dos mais intensos. Na dúvida sobre se ainda havia uma chance para a relação com o namorado que não estava mais a fim dela, Rihanna logo se anima quando as amigas sugerem um dia para pegar sol, após o qual tudo é esquecido.

O clipe, filmado em Florida Keys, seguiu a mesma trama. Estranhamente para uma garota que se orgulhava de ter "três amigas e uns três milhões de amigos", ela dizia que o tema do vídeo era a recuperação rápida após o fim de um relacionamento: "Tudo está bem, porque minhas amigas estão comigo." O clipe tem um clima divertido de verão, mas, de acordo com Rihanna, a realidade era bem diferente. "Estou dançando com técnica, o que foi um desafio e tanto", disse ela à MTV. "Geralmente leva anos para se aprender isso, mas nós fizemos em apenas alguns dias."

A recompensa pelo trabalho árduo foi ver dois singles perto do topo das paradas ao mesmo tempo. "We Ride" não chegou ao mesmo nível de "Unfaithful", mas também foi um sucesso.

Enquanto isso, os fãs de Rihanna nos Estados Unidos puderam ver mais de seu talento na TV. Todo o drama dos últimos anos sob os holofotes deixaram Rihanna bem-preparada para ter uma experiência como atriz. E ela apareceu primeiro num episódio da novela norte-americana All My Children, desfilando num tapete vermelho e cantando suas músicas numa boate fictícia. Embora a apresentação não tenha sido muito diferente da vida real, a participação estimulou a vontade de atuar, especialmente no cinema. Rihanna estava louca por um desafio e queria trabalhar com pessoas como Jessica Alba, mas reconheceu que precisava começar de baixo e estreou no filme lançado direto em DVD *As apimentadas: tudo ou nada*, mais uma vez interpretando a si mesma.

A trama sobre líderes de torcida estrelada pela irmã de Beyoncé, Solange Knowles, gira em torno de uma capitã de líderes de torcida rica, bonita e popular chamada Britney, que, em se tratando de garotas adolescentes, parece ter tudo. Porém, o pai perde o emprego, obrigando a família a se mudar para uma região mais pobre da cidade. Relutante, ela entra na equipe de líderes de torcida rival em sua nova escola na luta por uma oportunidade de aparecer num videoclipe de Rihanna. Enquanto as prósperas ex-colegas de Britney zombam de sua apresentação, classificando-a como "favelada", ela conquista a aprovação de Rihanna, e sua equipe é escolhida para aparecer na nova versão de "Pon De Replay", criada especificamente para o filme. Solange e suas colegas dançam em segundo plano enquanto Rihanna canta o refrão.

"Na verdade, eu não cheguei a atuar", contou ela, aos risos, à revista *Interview*. "Estava basicamente sendo eu mesma. Foi a primeira vez que eu tive um papel [num filme], que precisei me preparar para fazer. Eu não sabia se ia gostar ou odiar aquilo, mas acabei gostando." Mas ela foi inflexível ao dizer que a telona não seria sua nova carreira: "Eu nunca largarei a música para fazer só cinema. Amo demais a música para fazer isso."

Ela provou tal afirmação quando voltou ao estúdio para gravar um novo single, "Roll It", com J-Status e a velha amiga Shontelle, coautora da música. A faixa nasceu em Barbados, onde fora lançada pela cantora local Alison Hinds. A letra original fala de religião, respeito por si mesma e poder feminista, ostentando valores pé no chão, como ter um diploma universitário, criar filhos e manter um estilo de vida temente a Deus. Quando adaptada para J-Status, porém, ela passou a ter um apelo sexual quente e foi transformada num verdadeiro ménage à trois musical.

Se a original fala da crença em Deus, a versão de J-Status faz os quadris requebrarem ao som do calipso — conforme mencionado anteriormente, um gênero proibido pela Igreja. Enquanto Alison pregava contra o abuso de seu corpo, J-Status e Rihanna promoviam a liberdade sexual.

Outra música que passava mensagens dúbias era "Winning Women", um esforço conjunto entre Rihanna e a Pussycat Doll Nicole Scherzinger para promover o novo desodorante Secret. A música começa como um hino feminista, falando de força emocional, independência financeira e negociações em bolsa de valores. Mas no fim a letra diz que tudo que uma garota precisa é de uma vida simples e do amor de um bom homem. Talvez o objetivo seja agradar tanto a mulher que é sustentada pelo marido/namorado quanto a independente.

Pouco tempo depois, Rihanna se uniu mais uma vez às Pussycat Dolls, abrindo para elas durante uma turnê pela Europa. Os shows, cujo ápice foi na Wembley Arena, em Londres, colocavam o single mais recente de Rihanna, "We Ride", contra o último das Dolls, "I don't Need a Man" e tinha por objetivo diversificar o público da cantora.

Rihanna também abriu para seu mentor Jay-Z em três shows na África do Sul e juntou-se à turnê Roc tha Block naquele ano, fazendo shows de abertura na América do Norte para grupos como o Black Eyed Peas. Todos esses shows de abertura, nos quais ela geralmente se apresentava por escassos trinta minutos, podem dar a impressão de que Rihanna era sempre a madrinha e nunca a noiva nesse casamento musical. Porém, isso lhe dava uma exposição valiosa — tática que daria resultado na mais prestigiada cerimônia de prêmios daquele ano. Até ali, Rihanna lutara para conseguir sucesso pelos próprios meios ou para ser vista como mais do que a fabricação de um homem que, na opinião de muitos, gostaria de fazer dela uma Beyoncé mais jovem. Mas os dias de ficar à sombra de Beyoncé podiam muito bem ter acabado.

No MTV Europe Music Awards em Copenhague, realizado em 2 de novembro de 2006, Rihanna impressionou o jornal *The Mirror*, que publicou: "Saia do caminho, Beyoncé, porque a jovem e bela Rihanna é a nova voz e a nova imagem do R&B..." Antes de conquistar o prêmio de Melhor Artista de R&B, a jovem de 18 anos aumentou a temperatura do tapete vermelho com uma apresentação sexy e emocionante de "SOS".

História semelhante aconteceu em 15 de novembro, quando ela foi de jatinho a Londres para o World Music Awards. A cerimônia seria muito especial porque, embora ninguém soubesse na época, nela aconteceria a última apresentação ao vivo de Michael Jackson. Além disso, o também artista de R&B Chris Brown apresentou uma versão de "Thriller" em homenagem a ele. Rihanna estava escalada para entrar no palco logo após Michael fazer o discurso de aceitação pelo cobiçado Diamond Award — uma tarefa e tanto para qualquer artista devido ao status de Michael como lenda do pop —, mas ela recebeu críticas entusiasmadas do *Mirror*, que insistia: "Desculpe, Beyoncé, mas Rihanna foi a verdadeira estrela da noite."

Rihanna enfim derrotou Beyoncé numa premiação quando conquistou o prêmio de Artista Feminina do Ano no American

Billboard Awards realizado no dia 5 de dezembro, em Las Vegas. Beyoncé, que também fora indicada nessa categoria, era uma das favoritas, mas ficou para trás. "Não sinto minhas pernas!", disse Rihanna, nervosa. "Isso é fenomenal." A surpresa era compreensível. Em pouco mais de um ano, ela conseguira superar uma artista que estava na cena musical há mais de uma década. Será que ela já poderia ser considerada uma ameaça real ao trono da rival?

Para os fãs, o que separava Rihanna de Beyoncé, que é seis anos mais velha, era a juventude insaciável, a capacidade de identificação com o mercado adolescente, de expressar o que eles sentiam, e suas lembranças da montanha-russa de emoções caóticas relacionadas aos amores da juventude. Por enquanto, ela ainda era menos perfeitinha e refinada que Beyoncé — ainda "crua", mas muito mais acessível.

E ela mal teve tempo de se recuperar do êxtase da vitória antes de "Break It Off", seu dueto com Sean Paul, chegar ao público. A música foi lançada em 14 de dezembro para download digital sem ter sequer um clipe para acompanhá-la. Mas, apesar da divulgação modesta, chegou ao nono lugar na parada de singles dos Estados Unidos.

Desafiando os críticos que alegavam que seu sucesso era devido à longa lista de nomes famosos com quem ela dividia o álbum, agora parecia que Rihanna estava prestes a ofuscar seu colega de carreira mais estabelecida. De acordo com o Pop Matters, "quando Sean Paul usa sua mágica, ele ameaça roubar a cena, mas o refrão de Rihanna é tão contagiante que é dela a voz que fica em sua cabeça".

No réveillon de 2007, a dupla se apresentou ao vivo. O show coincidiu com um ponto determinante para Rihanna. Agora que ela tinha o sucesso pelo qual lutara tanto, queria assumir o comando do barco. Seus pensamentos não eram mais consumidos pela ideia de colocar uma música nas paradas, mas sim pela mensagem que ela passaria quando chegasse lá.

Em *A Girl Like Me*, Rihanna queria alguém que a deixasse ser ela mesma, mas cada vez mais ela sentia que seus esforços para isso eram refutados pelos que estavam ansiosos por controlar sua música, suas letras e sua imagem. Quando era uma adolescente de 16 anos desesperada por um contrato, a quem Evan Rogers descreveu como "extremamente tímida", ela jamais questionara as decisões dos empresários. Agora, porém, era o momento de começar a viver o que sua própria letra dizia. Era a hora de a garota boazinha virar malvada.

CAPÍTULO 4

DANÇANDO NA CHUVA

"Considero essa vaca a responsável pelo verão mais chuvoso de todos os tempos no Reino Unido! Este verão está sendo horrível, com chuvas torrenciais, pessoas se afogando, tudo a que se tem direito, e essa vaca está no primeiro lugar de nossa parada há nove semanas!", reclamou um irritado membro de um fórum na internet. "Acho que é uma dança da chuva. Ela quer que chova, por isso está sempre cantando sobre guarda-chuvas!"

Rihanna pode até ter gostado do papel de malvada, mas seria ela realmente responsável por tempestades e enchentes? De acordo com uma nação indignada, a resposta era sim. Tudo começou no fim de 2006, bem antes de a dança da chuva de Rihanna ser lançada. Ela estava prestes a começar as gravações do novo álbum, mas, chateada por ter de se conformar com o visual de adolescente doce e inocente, ela informava para quem quisesse ouvir que precisava mudar. O terceiro álbum mostra uma garota com um estilo de vida completamente diferente.

E os empresários de Rihanna ficaram boquiabertos quando souberam que a principal inspiração para tal mudança fora Amy Winehouse. Isso não era um bom sinal. Na época, era mais provável que Amy fosse encontrada afogada numa poça do próprio vômito ou saindo de um hotel com sangue escorrendo pelo rosto após ter ferido a si mesma com cacos de vidro do que num estúdio de gravação. Teria a equipe de Rihanna passado meses fazendo ajustes em sua imagem para conseguir o máximo de glamour possível para ela se transformar numa mulher que estava sempre no topo da lista das mais malvestidas do mundo?

Amy era rock' n' roll, é verdade, mas seus excessos não eram exatamente música para os ouvidos dos chefões da indústria musical. Para eles, havia uma linha tênue entre o comportamento desregrado feito para conseguir publicidade e a autodestruição pura e simples — e muitos diriam que Amy passara dessa linha. Como se não bastasse, a inglesa era mais famosa por não trocar de roupa por cinco dias seguidos do que por ter qualquer noção de estilo.

Quando se lembrava de trocar de roupa, Amy fazia questão de usar o mínimo de roupa possível — alguns até diziam que ela parecia uma "biscate". O que Rihanna viu a ponto de ficar tão empolgada justamente quando a gravadora pensava ter criado uma imagem adequada para ela?

Certamente ela não ficou atraída pela lista de drogas usadas por Amy. Após testemunhar a derrocada do pai, Rihanna prometera que jamais usaria drogas pesadas na vida. Além disso, não eram as unhas escurecidas ou os cabelos revoltos que Rihanna — uma das estrelas mais elegantes do R&B — tinha em mente: era a liberdade para ser ela mesma. E no mundo de Rihanna essa liberdade estava em falta.

“Adoro a Amy”, disse ela ao Monsters and Critics. “Ela é muito verdadeira. Faz o estilo ‘sou assim e não estou nem aí.’” Rihanna ficou impressionada com a recusa da colega em fornecer uma imagem de perfeição imaculada para as câmeras e por ela não consultar quem estava no comando antes de agir. Claro que ela pintou o cabelo num tom forte de louro oxigenado, descrito pelos tabloides como “horrendo”, mas não precisou pedir permissão de ninguém para ter essa aparência nada convencional. Ela não fez sucesso por obedecer a ordens. Alguns tinham pena de Amy porque seus bem-documentados vícios davam a impressão de que ela não controlava mais a própria vida. Mas Amy mantinha as rédeas numa área: o jeito como ela aparecia em público.

Para Rihanna, Amy não era mentirosa ou falsa, apenas não buscava a aprovação de ninguém. Ela esperava que os fãs gostassem de sua aparência e de seu comportamento ou que nem se importassem. Se o público a criticava, ela costumava simplesmente xingá-lo de nomes impublicáveis. Embora Rihanna não estivesse disposta a ir tão longe, sabia que precisava mudar.

Rihanna estava ficando preocupada porque sua aparência não era diferente nem mais moderna do que a das outras garotas que inundavam a indústria do pop. Christina Milian, Mariah Carey, Ciara e Beyoncé — coincidentemente todas mestiças cujos álbuns ficam na seção de R&B — pareciam, ao menos para ela, ter o mesmo estilo.

Todas tinham cabelos compridos, que tinham tentado tingir de louro. Para ela, o cabelo comprido pintado de louro, um sorriso inocente e um olhar que era a epítome da beleza não as diferenciavam de qualquer outra mulher do mercado. Além do mais, ela não queria interpretar esse papel. Não combinava com ela.

Rihanna não só achava a aparência geral das estrelas do pop "entediante", como pensava que mulheres mestiças como ela traíam suas raízes ao seguir os ideais ocidentais de beleza apenas para receber atenção do público. Ela não acreditava que as respectivas aparências combinavam com o que suas colegas sentiam.

Num momento de revolta, Rihanna decidiu que precisava se livrar de suas longas madeixas. Durante um dia de folga em Paris, ela deu uma escapada para o salão de beleza mais próximo e cortou o cabelo bem curto, estilo "joãozinho". Ela adorou o resultado, mas não ficou com ele por muito tempo. "Assim que voltei, alguém que estava no comando disse: 'É, seu cabelo ficou ótimo'", disse ela ao *Observer*. "Mas outra pessoa falou logo: 'Você tem de deixar crescer de novo — e rápido.'"

A desaprovação deixou Rihanna confusa e a fez mudar de ideia. "Aquilo acabou comigo. Quando você está crescendo, com 17, 18 anos de idade, ainda está tentando descobrir sua identidade, e, àquela altura, eu só queria tentar algo diferente. Mas assim que saí da toca, como que dizendo: 'É assim que eu sou', eles me forçaram a voltar atrás, argumentando: 'Não pode porque queremos que você fique assim.' Você começa a se sentir uma marionete depois de algum tempo."

Rihanna, que a princípio estava aceitando tudo calada, aos poucos começou a questionar. "Eu dizia: 'Mas como assim eu não posso cortar o cabelo? Tenho de deixar comprido e louro igual ao de todas as cantoras do mercado? Não, não farei isso.'"

Era o começo de uma batalha entre Rihanna e a gravadora. "Parecia que o mundo inteiro tinha cabelo louro, comprido, cacheado e perfeito", lamentou ela ao *Guardian*. "[Mas] eles me fizeram voltar ao cabelo comprido [com apliques]."

Ela também rejeitou as regras cuidadosamente definidas que se aplicavam à maquiagem que usava. "Havia um monte de restrições ao que eu podia fazer", reclamou ela à revista *Glamour*. "Eu não podia usar certas cores de batom, como rosa berrante, rosa-escuro ou vermelho. Meus lábios tinham de ser naturais." Ela relembrou que, enquanto gravava o primeiro álbum, estava tão grata pela oportunidade de ficar famosa que não questionou o visual fabricado. Mas quando começou a gravar o segundo, ela se cansara daquela aparência de garota comum e enfim descobrira quem gostaria de ser. Mas, de acordo com uma frustrada Rihanna, "eu ainda não tinha permissão para ser o que quisesse".

"No começo era como se eu estivesse seguindo um roteiro escrito para mim. Eu não me sentia uma artista, eu me sentia uma ferramenta", reclamou ela ao *Observer*. "Eu pensava: 'Olha só, estou aqui, sou o veículo para essa grande gravadora ganhar muito dinheiro e não estou me divertindo. Não estou aproveitando porque não posso ser eu mesma... Até que eu finalmente disse: 'Quer saber? Se for para fazer isso, será do meu jeito!'"

Rihanna cortou o cabelo, pintou de preto e se livrou do aplique de uma vez por todas. Ela não consultou seus empresários, achando que eles não entenderiam, ou até pior, que tentariam impedi-la.

"Eu basicamente tomei a atitude da menina malvada: me revoltei e fiz tudo do jeito que eu tinha vontade," contou ela à *Entertainment Weekly*. "Não ouvi a opinião de ninguém. Não pedi conselho a ninguém. Eu só queria me divertir mais e mudar um pouco minha imagem... Apenas me reinventei."

Agora que os jornais do mundo a estavam seguindo, ser igual a todos não era o bastante. Ela não suportava ter uma aparência comum, até porque já tinha tentado fazer isso quando criança.

“Ela teve uns *dreads* bem compridos no cabelo que eram muito elogiados”, disse um amigo. “E mesmo usando muitas roupas esportivas, era sempre de um jeito feminino. Eu me lembro de vê-la usando muitos tons pastel. Acho que ela sofria muito com a pressão das colegas, porque havia muitas garotas bastante femininas na escola, e ela queria se enturmar. Mas agora ficou claro que esse não era o estilo dela.”

Talvez a evolução do estilo de Rihanna tenha sido natural, especialmente porque — como a maioria dos adolescentes — ela odiava receber ordens, como disse à *Entertainment Weekly*: “Eu estava sendo forçada a ter uma imagem bem específica de menina inocente, e eu tinha de fugir disso. Acho que todo adolescente tem um momento na vida em que se revolta, vai para o próprio mundinho, não ouve a opinião de ninguém e não está nem aí. É quando eles batem o pé em relação às suas opiniões, e é isso que estou fazendo agora.”

Ela estava prestes a mostrar seu lado rebelde ao mundo — o mesmo sobre o qual a avó tinha avisado a todos. A mudança radical de estilo se estendeu também à música, rejeitando a tradicional mistura de pop com reggae. Com o ritmo das ilhas, ela descobrira uma fórmula de sucesso que lhe rendera dinheiro, fama e sucesso, mas se quisesse ser autêntica, isso também teria de mudar. Não havia sinal de reggae, soca ou dancehall no terceiro álbum. “[Para minha gravadora], o álbum não podia correr riscos, e por isso o trabalho anterior teria de ser repetido, o que não fazia o menor sentido para mim”, reclamou ela ao *Observer*.

Ela não queria ser vendida como um som apenas caribenho, mas também não queria ser a réplica de um grupo feminino inglês ou norte-americano. O que Rihanna tinha em mente era algo no meio do caminho. Podia não ser muito convencional para a indústria, mas, após dois anos de sucesso, ela achava que tinha pagado suas dívidas e por isso estava no direito de tentar algo novo.

De acordo com o ex-colega de Combermere, Paul Browne, não só foi uma escolha pessoal, como também fazia sentido em termos financeiros. "Se estou decepcionado por ela ter se afastado do reggae? Em uma palavra, não", disse ele. "Acho que se a Rihanna tivesse continuado com o estilo do início da carreira, teria voltado ao anonimato, como acontece com vários artistas internacionais. O grande desafio é sempre estourar nos Estados Unidos — e, mais do que isso, emplacar entre os brancos."

Felizmente, Rihanna teve o apoio de dois mentores muito importantes para criar seu novo som. Jay-Z acabara de promover o álbum *Kingdom Come* e tinha tirado uma folga da carreira para se concentrar totalmente na promoção dos talentos com quem assinara contrato. Ele tinha tempo para dedicar a Rihanna, dando-lhe a bênção para que ela explorasse novas facetas de si mesma. "É uma posição boa para todos nós", disse ele à MTV. "[Meus contratados] se beneficiam de meus anos de experiência na indústria musical, e eu me beneficio da energia nova e cheia de vigor, e do talento deles. Todo mundo sai ganhando."

O diretor de clipes Chris Applebaum também aprovou a mudança por achar que Rihanna tinha um estilo musical único. "Ela é inclassificável", explicou ele. "Não dá para dizer que é totalmente R&B ou pop. É diferente de tudo isso."

Outro artista descoberto por Jay-Z, Ne-Yo, deu à Rihanna a primeira aula de canto da vida dela. "Ele é um gênio", contou a cantora empolgada em entrevista à MTV. "Nunca tinha feito aula de canto, então quando estava no estúdio ele me ensinava a respirar e tal. E eu ficava 'Hein?'. Ele usava essas palavras grandes e bonitas, por exemplo: 'Tá, eu quero que você faça *staccato*.' E eu dizia: 'Tudo bem, mas não sei o que é isso!'"

Depois de passar pelo treinamento técnico, ela se juntou novamente a Ne-Yo quando ele coescreveu e participou do dueto em "Hate that I Love You". Outra produção do Stargate, a música é uma grande balada semelhante à outra gravada por eles, "Unfaithful". Porém, a marca de Rihanna está na música, que, mais uma vez, fala de um amor complicado e nada convencional.

A letra chiclete e as palavras suavemente cantadas até aquecem o coração, mas essa não é uma canção de amor comum: bem lá no fundo está uma mensagem de amor e ódio contida no título da canção [Odeio amar você]. O casal está frustrado com o relacionamento instável, no qual, não importa o que se faça, tudo é sempre perdoado com o vislumbre de um sorriso irresistível. Quando Rihanna a ouviu pela primeira vez, ficou impressionada, talvez até um pouco confusa, com os aspectos psicológicos da canção.

"Li a letra e perguntei: 'O que você está pensando? O que se passa pela sua cabeça?'", relembrou Rihanna à MTV. "Às vezes eu tinha de parar e dizer: 'Ne-Yo, espera aí, diga por que você escreveu essa canção.' Porque eu não entendia certos conceitos. Ele realmente me impressiona. É totalmente maluco." Ela continua a explicar: "Quando ela começa, você acha que é uma música sexy, mas tem de prestar atenção à letra. É uma canção realmente profunda."

O mesmo pode ser dito de outra música de significado ambíguo que Ne-Yo compôs para ela, "Question Existing". Começando com uma descrição detalhada de uma garota se despindo, primeiro se parece com o hino da masturbação meio brega "Oops (Oh My)", do Tweet, ou a excitação leve de um comercial de telessexo, mas, apesar do começo enganador, ela rapidamente revela um lado mais profundo. Rihanna, usando seu verdadeiro nome, Robyn, confidencia a seu diário os perigos da fama, os relacionamentos superficiais e a invasão da mídia. Segundo Rihanna, estar cercada de falsos amigos sob os holofotes pode ser bem solitário, e seu maior desafio era separar os que eram atraídos pela fama daqueles que buscavam a amizade pelo que ela era.

Um funcionário do estúdio disse: "Esse truque foi de propósito, para dar um charme extra à canção. Ela começa bem fofa e sexy, mas acaba arrastando o ouvinte para o melancólico mundo da fama. Prestando atenção na letra, é como se você estivesse fazendo sexo consensual com uma mulher e de repente descobrisse que na verdade ela é uma prostituta que foi vítima do tráfico de pessoas e é muito infeliz. Nada é o que parece no mundo da fama."

Ele continua: "Acho que é uma metáfora para a vida de uma pessoa famosa. Primeiro você acha que será um mar de rosas, com a adoração das pessoas em todos os lugares. Mas aí saem as lentes cor-de-rosa, e o lado sinistro vem à tona: é apenas um mundo de ofensas, onde todos querem colocar você para baixo. Você não pode fazer uma refeição sem ser seguido por paparazzi, e todo erro cometido vem a público. Não é tão fácil como parece. Ela pode ter um trabalho aparentemente divertido, mas por trás disso existe uma pessoa de verdade com sentimentos de verdade que pode se magoar, como qualquer um. Já namorei mulheres famosas por causa do meu trabalho na indústria musical e vou te contar um negócio: o suposto glamour oferecido pelo trabalho não lhe dá qualquer imunidade. É um mundo cruel, talvez até mais para quem é famoso, porque esperam muito mais de você."

Mas a pressão sobre Rihanna foi reduzida pelo time de produtores de alto nível a seu dispor. Segundo ela, Ne-Yo, em particular, sabia "exatamente como expressar o que eu sinto em palavras". E ela ficou igualmente feliz com as três canções produzidas por Timbaland, "Sell Me Candy", 'Lemme Get That" e "Rehab", e com o fato de as duas primeiras soarem mais exóticas do que o resto do álbum, acrescentando influências caribenhas e indianas à mistura musical dela.

"Sell Me Candy" começa como um romance casual de verão: viciantes por um momento, mas nada sério, seguindo o tema de "Boys Boys Boys", de Lady Gaga. A letra fala do doce que derrete nas mãos, lançando um festival de insinuações que depois inspiraria Katy Perry em "California Gurls". Porém, as coisas saem tanto do controle de Rihanna que ela não quer mais entrar na fantasia de um romance radical de verão, preferindo apenas amar e viver um para o outro — sentimento mostrado no estilo dedicado e sensual de Bollywood. Timbaland vinha experimentando temas indianos em seu álbum *Shock Value*, e "Sell Me Candy" foi uma extensão natural desse processo.

Se Rihanna estava um doce nessa letra, ela se transformaria numa profissional casca-grossa em "Lemme Get That", um canto ritmado de sonoridade africana marcante. Tão materialista quanto Beyoncé em "Upgrade You" e tão atrevida quanto Katy Perry em "If You Can Afford Me", essa música mostra Rihanna fazendo de tudo para que ela e o namorado virem o rei e a rainha da cena musical, com direito a uma longa lista de bens materiais para comprovar isso. A música é uma ode desavergonhada e desafiadora à ganância e ao consumo desenfreado, citando as marcas Gucci e Mercedes-Benz. O namorado pode só pensar em sexo, mas Rihanna tem ideias bem diferentes, como comprar móveis novos. É uma história sobre usar a sensualidade como arma de manipulação para conseguir o que se quer. O tema era novidade para a moralista Rihanna, que admitiu: "Não tem nada a ver comigo, mas entro numa personagem e a interpreto."

Enquanto a garota boazinha definitivamente virava malvada, por baixo da nova imagem audaciosa estavam traços dos tradicionais valores caribenhos, que diziam que se prostituir para obter bolsas de marcas famosas e iates luxuosos significava ir longe demais. Ela disse ao *Observer*: "Acho que o jeito norte-americano de viver é uma fantasia. As pessoas vivem com a cabeça nas nuvens, de verdade. Suas prioridades na vida são carros de luxo e joias. Em Barbados, tudo definitivamente gira em torno de a gente se divertir, mas também de tirar boas notas."

Rihanna teve a sensação de tirar a nota máxima quando conseguiu arranjar espaço na agenda para gravar com Justin Timberlake. Ela disse ter se sentido "muito abençoada, definitivamente favorecida por Deus" quando os dois se uniram a Timbaland para gravar "Rehab".

Ela vinha encaixando as sessões de gravação na ocupadíssima agenda de turnês de Timbaland, que subia ao palco com Justin todas as noites. Após um show em Chicago, Justin trabalhava no estúdio tentando criar uma nova batida, mas Rihanna lhe causara tanto impacto que, assim que voltou a Nova York, ele pediu para gravar com ela. Timbaland, que imediatamente já dera o título de "Rehab" à música, colaborou para criar o ritmo. "Aí o Justin veio e deu seu toque", contou Rihanna à *Entertainment Weekly*. "Ele escreveu a música de cabeça. Não colocou nada no papel. Entrou no estúdio e cantou. Fiquei muito impressionada."

Na música, Rihanna faz o papel de uma garota perturbada cujo namorado lhe deu força para enfrentar todos os vícios, servindo de substituto para os maus hábitos. Porém, ao descobrir que ele a estava usando e que o relacionamento não durará, ela vai para uma clínica de reabilitação por um motivo bem diferente: acabar com o vício nele.

"É uma letra metafórica", explicou Rihanna à *Entertainment Weekly*. 'Rehab' [reabilitação] na verdade significa apenas que temos que esquecer o cara. Então a gente fala sobre entrar na clínica de reabilitação para dizer que é preciso esquecê-lo, e comparamos o cara a uma doença ou a um vício. Estamos só dizendo: 'Não queremos mais fumar', significando que você não quer mais lidar com essa situação horrível."

Além de fazer parcerias com produtores de primeira linha, Rihanna também tinha outra ambição para o álbum: investir no mundo do rock. Ela já tinha flertado com o estilo em "Kisses Don't Lie" e agora queria fazer uma música mais pesada, que acabou sendo "Shut Up and Drive". Repleta de insinuações sexuais e com uma batida forte, turbinada por um *sample* de "Blue Monday", do New Order, a música reforça a nova imagem de Rihanna como uma mulher mais confiante. Agora ela só precisa de alguém que aceite o desafio de acompanhar seu ritmo. O site AllMusic posteriormente descreveria a canção como uma "proposta elegante e amigável... tão inegável e contagiante quanto a música do Sugababes que estourou no Reino Unido em 2002, 'Freak Like Me'." Coincidentemente, essa música também pegou sons eletrônicos antigos emprestados, sampleando uma canção de Gary Numan. Porém, a faixa do Sugababes ainda mantinha um brilho pop, enquanto Rihanna esperava que sua música fosse mais pesada.

"Push Up On Me" era outro reflexo da nova Rihanna, descrevendo uma fantasia movida a hormônios sobre a sensualidade de um homem. Ele pode ser esquivo e se fazer de difícil, mas aqui Rihanna parece aceitar o desafio. Ela quer conquistar o inconquistável. A escolha incomum de pano de fundo para esta luta é um *sample* da música de Lionel Richie, "Running with the Night", de 1983.

O lado gentil de Rihanna volta em "Say It", onde ela estimula um homem a abandonar o orgulho e não ter medo de ser sincero se quiser um relacionamento sério com ela. Falando sobre conseguir encontrar o paraíso se os dois procurarem juntos, foi a única faixa que, segundo Rihanna, encaixou levemente na "categoria dos clichês".

Mas ela voltou ao recém-descoberto lado audacioso com "Breaking Dishes". O ditado "a vingança é um prato que se come frio" certamente não se aplica à Rihanna. Quando o namorado passa a noite na rua, ela explode de raiva, quebrando pratos ou queimando roupas, mas o fogo mais perigoso de todos, obviamente, é a própria raiva dela. Para acrescentar um tom mais sinistro à trama, quebrar copos e pratos era a forma que ela encontrava quando criança para distrair o pai, evitando que ele fosse violento em casa. Será que ela herdou aquele temperamento instável?

Independente disso, ela estava pronta para a polêmica. "[Ser] malvada é uma questão da atitude que você tem em relação às coisas: não estou sendo cuidadosa, só estou me divertindo", contou ela ao Star Phoenix. "Estou me arriscando porque as malvadas fazem isso."

Após fazer a balada triste, a canção R&B suave e os clássicos ritmos caribenhos, agora ela estava pronta pra fazer um hino de boates com batida acelerada que arrastaria todos para a pista de dança. Essa faixa acabou sendo "Don't Stop the Music".

Rihanna inicialmente fora inspirada pelo álbum de Brandy chamado *Afrodisiac*. Para ela, era um CD repleto de músicas para lotar as pistas, tão contagiantes e chicletes que todas tinham potencial para ser singles. "Eu ouvia aquele CD o dia todo, a noite toda", conta. "Quando eu estava no estúdio, esse era o CD que eu ouvia direto, e fiquei admirada porque todas as faixas eram ótimas. Então pensei: 'Quer saber? Eu tenho de fazer um álbum assim!'"

Outra fonte de inspiração foi Michael Jackson, que, na opinião dela, jamais fez uma música para encher linguiça em toda a carreira. A marca dele foi acrescentada à canção com um *sample* de "Wanna Be Startin' Somethin."

A última faixa era "Good Girl Gone Bad", um aviso para qualquer homem que pensasse em maltratar sua mulher. Cansada de encontrar telefones de garotas no bolso do namorado e de esperar em casa enquanto ele faz um tour por boates, a personagem de Rihanna se vinga saindo com o melhor amigo dele. Abandonando o papel de esposa, agora ela queria farra.

Rihanna prontamente afirmou que embora pudesse ser malvada, ela não era imoral: "Malvada não significa vulgar", retrucou ela, corrigindo um entrevistador da Capital FM. "Malvada tem um significado para cada pessoa, e, no meu caso, apenas quer dizer que fiquei um pouco rebelde nesse álbum, saí da toca e estou assumindo riscos, no estilo de 'Bad', do Michael Jackson."

A música representava a libertação para Rihanna, que enfim ganhou coragem para admitir quem ela era — e sua opinião sobre o tema era tão forte que virou o nome do álbum. "Percebemos que 'Good Girl Gone Bad' [Garota boazinha que virou malvada] seria o título perfeito porque mostraria às pessoas que agora eu sou autêntica, que não estou mais fazendo o que os outros querem. Não sou mais aquela Rihanna inocente. Estou me arriscando muito mais", contou ela à MTV. "Senti isso quando cortei o cabelo. Isso mostra que não estou tentando ser outra pessoa."

Para alguém que sentiu o fardo de patrocínios e frases pré-ensaiadas com assessores de imprensa desde sempre, esse foi o jeito encontrado de se libertar. Ela foi o rosto do órgão oficial de turismo de Barbados, estrelando comerciais de TV a fim de atrair visitantes — especialmente famílias — para passar férias na ilha. Isso gerou enorme pressão para que Rihanna fosse garota-propaganda do glamour sadio e aprovado pelas famílias, algo que agradaria a turistas com crianças impressionáveis a bordo. Naquele mesmo ano, ela se tornaria embaixadora oficial do país, com toda a responsabilidade inerente ao cargo. Rihanna também tinha acabado de conseguir um contrato para ser o novo rosto da Covergirl nos Estados Unidos, uma linha ultrafeminina de produtos de beleza. Mas ela parecia não se importar nem um pouco com a possibilidade de perder patrocínios lucrativos se isso significasse não ser verdadeira com ela mesma. Na verdade, ela estava pronta para lutar muito por essa conquista.

Mas isso não significa que Rihanna não gostava dos momentos sob os holofotes através de empresas como a Covergirl. Esse era o contraste perfeito para o trabalho de ser o arquétipo da garota durona.

"É muito divertido ser uma Covergirl porque sou contra ser mulherzinha demais", explicou ela ao Concrete Loop. "Mas isso me mantém em contato com meu lado mulherzinha, porque gosto de ser bem radical e nada inocente... Agora [a Covergirl] realmente me deixa mais próxima do meu lado feminino. Voltei a me divertir brincando com maquiagem."

A identidade de Rihanna como menina moleque que tinha uma queda ocasional por algo mais feminino estava definida em seu terceiro álbum, que estava em fase de finalização. Mas apesar de ter garantido quase uma dúzia de faixas pop convincentes, a equipe de Rihanna ainda achava que faltava algo: aquele single que se destacaria e faria o CD voar das prateleiras. As preces deles foram atendidas na forma de "Umbrella".

A faixa nasceu de um momento de tédio em que o produtor Tricky Stewart brincava com o programa musical *Garage Band*, que vinha em todos os computadores da Apple. Ele começou a fazer experiências sem muito entusiasmo até chegar num som de prato que fez o coprodutor Terius Nash pular do sofá. Ele imediatamente aplicou alguns acordes ao som, e, em poucas horas, eles tinham o que acreditavam ser um sucesso com potencial de chegar ao topo das paradas. Tudo isso em uma música que começara por acidente. Em seguida, eles trabalharam muito para vendê-la.

A canção que Rihanna depois descreveria como sendo "o ponto alto de minha carreira" estava originalmente destinada para Britney Spears e por pouco não chegou a ela. Tricky Stewart estava desesperado para dar a Britney um primeiro lugar nas paradas com a faixa, mas, felizmente para Rihanna, a carreira de Britney estava em baixa na época, e aparentemente ela não estava sóbria o bastante para ouvir a música, quanto mais para gravá-la. Tricky tinha trabalhado com ela no álbum anterior, *In the Zone*, e estava ansioso para repetir o sucesso com o CD seguinte, talvez adequadamente batizado de *Blackout*.

Mas ele foi logo afastado pela equipe de Britney, que alegava já ter uma série de faixas que renderiam singles, mas que estava encontrando dificuldade em levar a cantora ao estúdio. Como ela já estava lutando para gravar as canções que eles já tinham, acrescentar outra à lista estava fora de questão. "O estado dela naquele momento estava um pouco bizarro", relembrou Tricky à MTV sobre o caso. "Não era para ser."

Decepcionados, ele e Terius imediatamente começaram a quebrar a cabeça para encontrar outra artista a quem enviar a música. O fim de semana da cerimônia de entrega dos prêmios Grammy de 2007 estava chegando, e Mary J. Blige estava em destaque, por ter sido indicada a oito prêmios. Eles mandaram a música para ela e, como segunda opção, enviaram uma cópia a Rihanna, que não fora indicada a categoria alguma do Grammy daquele ano e era apenas uma das apresentadoras da cerimônia.

Embora Mary não tenha rejeitado a canção de imediato, ela estava ocupada com os compromissos pré-Grammy e indisponível para aprovar a faixa. A equipe de Rihanna se interessou, mas Tricky e Terius estavam mais inclinados a assinar contrato com uma grande estrela que tivesse uma série de indicações a prêmios nas costas. Por mais que Rihanna tivesse se apaixonado pela música, ela enfrentava fortes concorrentes.

"Naquela época, se você ouvisse o nome de Mary e de Rihanna, você não resistiria", admitiu Tricky à MTV. "Mary acabara de fazer *Be Without You*, e tinha sido indicada a um monte de Grammy, era o pacote completo. Então nosso plano era realmente segurar a música até conseguir uma resposta da Mary."

Rihanna sabia o que estava enfrentando, segundo entrevista ao *Daily Telegraph*: "Qualquer compositor faria de tudo para que ela cantasse uma de suas canções, então eu apenas rezei para que a gente conseguisse. Era perfeita para mim, tinha um ritmo caribenho." Para completar, ela estava gostando cada vez mais da música. "Quando a demo começou a tocar pela primeira vez, pensei: 'Isso é interessante, é esquisito...' Mas a música só melhorava. Eu a escutei repetidamente e falei: 'Preciso dessa música. Preciso gravá-la amanhã.'"

A situação deixara de ser um inocente interesse profissional e se transformara numa obsessão total. Com isso, Tricky foi jogado no que ele descreveria como "a disputa que mudou nossa vida".

Porém, a mais empolgada era a própria Rihanna. Como não se escondia mais atrás dos empresários mais experientes, ela foi pessoalmente atrás de Terius Nash na entrega dos Grammy e disse a ele que falava sério. Ela queria aquela música e não aceitaria um não como resposta.

"Ninguém gosta de ser alvo de brincadeira", reclamou ela ao *Guardian*. "Como você pode mostrar uma música para mim e, ao mesmo tempo, oferecê-la para um milhão de pessoas? Claro que eu achava que a Mary J. Blige ganharia, mas lá no fundo eu ficava pensando: 'Não, espera aí. Eu nunca desistirei.' Então procurei o cara na festa do Grammy e falei: *'Umbrella' é minha*, e ele meio que riu. E eu realmente segurei o rosto dele com as duas mãos, dizendo: *Não, você não está me entendendo, 'Umbrella' é minha música!*"

A dupla ainda não tinha recebido resposta de Mary e também não tivera sucesso ao mostrá-la para artistas como Taio Cruz e Akon. As opções diminuíam a cada minuto, enquanto a equipe de Rihanna parecia ter começado uma leve campanha de assédio contra eles.

"Quando L.A. Reid e sua equipe acabaram de espancar a gente, foi impossível dizer não", brincou Tricky falando à MTV. "Eles ligavam a cada vinte minutos durante todo o fim de semana do Grammy. Sempre que nós os víamos, eles faziam todo tipo de pressão."

Tricky ainda não estava convencido de que Rihanna era a mulher certa para a música, mas a equipe dela estava jogando com tudo, até que, finalmente, embora com certa relutância, ele decidiu vender a canção para ela. Dois dias depois de escrevê-la, ele estava num estúdio de gravação em Los Angeles, vendo Rihanna dar sua cara à música.

Assim que ouviu a versão dela do "ella" no refrão, cifrões surgiram nos olhos do compositor. "Quando Rihanna gravou os 'ellas', eu sabia que estouraria e que a vida de quem tivesse algo a ver com aquela gravação estava prestes a mudar."

Mary J. Blige não estava nesse grupo. Quando finalmente pôde ouvir a música com a devida atenção, ela também ficou muito interessada, mas era tarde demais. "Eles fizeram a música para mim", afirmou Mary à MTV. "Foi na época do Grammy, eu estava realmente muito ocupada. Aí ouvi e pensei: 'Minha nossa, isso é sucesso garantido! Amei essa música!' E eles responderam: 'É sua.' Mas ao mesmo tempo em que diziam que a música era minha, provavelmente falavam o mesmo para Rihanna." Para abafar os rumores de mágoa, ela acrescentou: "Rihanna é linda, e eu a amo demais. Fiquei muito feliz por ela ter ficado com a música."

Ainda havia outras boas notícias para Rihanna, que se sentia mais feliz do que uma criança numa loja de doces. Sem que ela soubesse, Jay-Z estava gravando vocais para acrescentar à canção. "Eles só disseram, 'Temos uma surpresa para você'", relembrou Rihanna à MTV. "Eu nunca imaginaria que era o Jay-Z participando da música. Eles tocaram a gravação, e eu me arrepiei toda. Ainda não consigo acreditar... Isso foi um grande avanço em minha carreira em termos de experiência."

Rihanna pode ter ficado surpresa, mas isso não foi nada comparado à reação de Tricky quando Jay-Z inesperadamente mudou a letra da música pouco antes de as gravações oficiais começarem. Ele ficou pasmo: "Havia outra versão antes da que Jay-Z escreveu e ela era perfeita", contou Tricky à MTV. "Pouco antes de gravarem, ele veio, mudou a letra sem ninguém saber de nada... Na época eu não entendi muito bem por que ele tinha feito isso. Mas agora, quando escuto a música e ouço o rap antigo, nossa letra combina muito mais [com o novo rap]. Do ponto de vista de um compositor, ele realmente melhorou a música com as metáforas sobre guarda-chuvas e o clima, comparado ao que tínhamos feito antes."

Obviamente, estar no estúdio com Jay-Z era tudo, menos previsível. Além disso, o mentor de Rihanna dava total apoio a ela. "'Umbrella' é uma música que você sabe que vai estourar assim que ouve", explicou ele. "É minha família ali. Todos nós fizemos parte do crescimento de Rihanna... Não é só questão de emprestar minha voz para um projeto, trata-se de um projeto e de uma pessoa nos quais acredito."

Após encontrar o que Jay-Z já via como um primeiro lugar nas paradas, era o momento de gravar um videoclipe. A equipe pediu a ajuda de Chris Applebaum, que já tinha trabalhado com ela em "SOS". Ele notou de cara a mudança de Rihanna, agora ansiosa para tomar decisões sobre como seria retratada.

"Ela fazia questão de deixar bem claro o quanto queria ousar", contou Chris à MTV. "E disse, 'Por favor, mande algo para mim, mas eu quero fazer um pouco da coreografia. Quero muito fazer uma apresentação extraordinária, então, por favor, só mande algo que esteja bem longe do convencional!' Essa é uma das frases que um diretor adora ouvir de um artista, especialmente uma artista a quem respeito e amo tanto quanto Rihanna. Eu sabia que seria um desafio incrível e muito empolgante."

Pode até ter sido empolgante, mas quase acabou com os nervos dos envolvidos. Sabendo que Rihanna esperava algo inovador da parte dele e que ela só aceitaria o melhor, ele estava sob enorme pressão para mostrar algo digno da aprovação da estrela, e não só da gravadora. Não era comum que uma artista que tinha começado fabricada crescesse a ponto de exigir o controle criativo. Ele corria contra um prazo curto, algo longe do ideal para um homem cujo lema era: "Mandarei algo quando estiver ótimo, não quando o prazo estiver no fim."

Felizmente, ele acabou tendo um insight, mas não sabia se Rihanna, antes tão discreta e conservadora, compraria a ideia. Era algo além de não convencional: envolvia ficar totalmente nua e pintar o corpo com uma tintura brilhante prateada.

Rihanna ouviu. Não era uma ideia revolucionária. Christina Milian já tinha ficado coberta de tinta preta para o clipe de "Dip It Low", e não tinha nada que Rihanna odiasse mais do que comparações com outros artistas pop. Além disso, o que ela imaginava não era a sensualidade de Christina — cuja pintura corporal parecia uma roupa de látex bem colada ao corpo —, mas sim um estilo mais artístico. Quando viu a situação nesse contexto, ela imediatamente se lembrou do ídolo Grace Jones, uma artista jamaicana forte e andrógina que inspiraria Lady Gaga, entre outros — e que já pintara o corpo em um de seus clipes. A música era "I'm not Perfect (But I'm Perfect for You)", dos anos 1980.

"Adoro a Grace Jones!", confirmou Rihanna ao *Guardian*. "Ela é incrível. As coisas que ela fez, o que ela vestia, a moda... Do jeito de segurar um cigarro até o corte de cabelo masculino, batido dos lados e com topetão. Era preciso ser realmente muito corajosa para fazer isso, e, como mulher, eu olho para ela e penso: 'Você é sensacional!' Hoje em dia muita gente do mercado se apresenta com roupas que poderia usar na rua em vez de se divertir com o fato de estar no palco."

Talvez fosse a hora de Rihanna colocar em prática o que estava defendendo. Afinal, Grace era uma de suas maiores musas, e a pintura corporal dera certo para ela. Além do mais, de acordo com a ideia vendida por Chris, os dois pareciam ter a mesma visão para o clipe.

"Perguntei como ela se sentiria se fosse uma estátua grega clássica", contou ele à MTV. "Será que as pessoas achariam isso sexy? Escrevi a ideia pensando que precisamos redefinir a forma como as pessoas veem esse tipo de pintura corporal. Além disso, me perguntei: 'Será que Rihanna consegue virar um personagem que não é ela, um alter ego?'"

Rihanna concordou. Ela não só estava disposta a arriscar e pedir mais controle do que tinha quando era uma adolescente tímida nas filmagens de "SOS", como também estava contribuindo com ideias próprias. Chris ficou assustado quando ela revelou que, apesar de não ter tido qualquer treinamento técnico, ela sonhava em ser uma bailarina no clipe.

"Rihanna me perguntou: 'Posso fazer uma ponta? Acho que consigo aprender isso e fazer tudo dar certo'", relembrou ele. "Eu disse: 'Tudo bem. Posso ver?', mas ninguém me mostrou nada até a véspera da gravação. Fisicamente é muito doloroso, porque ela está na ponta dos pés. Existe um jeito de apoiar o corpo inteiro na ponta dos pés." Ele continuou: "Acho que nem todo mundo consegue fazer isso, mas de alguma forma ela aprendeu, e deve ter sido muito doloroso. Acho que ela estava muito determinada a fazer aquilo funcionar, então foi com tudo."

O vídeo girava em torno de dois temas. O primeiro era o de uma garota boazinha que virou malvada, mostrando Rihanna toda vestida de branco para representar seu lado inocente e depois passando para o preto a fim de canalizar o lado malvado. Ao longo do clipe ela gira um guarda-chuva, que metaforicamente oferece proteção contra a negatividade. Nesse caso, as gotas de chuva das quais ela precisa se proteger são as palavras cruéis de quem a ofende, que vinha atacando cada vez mais rápido e com mais força desde que ela tinha entrado para o mundo do entretenimento.

Porém, as cenas mais ambiciosas — e que Rihanna mais gostou de gravar — envolviam a pintura corporal. "Foi bem divertido porque provavelmente é algo que só farei uma vez na vida", contou ela à revista *Men's Fitness*, frustrando a esperança dos leitores de que ela repetisse a apresentação. "Duas mulheres me pintaram, camada por camada, com spray. Aí eu fiquei em pé numa grande caixa preta para que ninguém pudesse me ver nua enquanto filmava. Só havia umas oito pessoas na caixa, contando com o diretor e meu empresário."

Embora Rihanna estivesse prestes a aparecer nua para o mundo inteiro, ela se mostrou anormalmente envergonhada ao ser vista por quem estava na sala — principalmente Jay-Z, pois ela acreditava que isso poderia ressuscitar antigos boatos. Uma vez lançado o clipe, ela foi acusada de indecência, mas se defendeu: "Quando fiz o negócio da pintura corporal metálica... O objetivo não era mostrar meu corpo. Não fiz para que gostassem de mim. Fiz porque era um visual legal, inesperado e sexy." Ela acrescentou: "Minha mãe me mataria se eu posasse nua!"

Jay-Z também tirou uma folga para aparecer na gravação e apresentar seu rap no clipe. Rihanna ficou feliz da vida. "Foi uma honra imensa!", disse ela ao Concrete Loop. "As pessoas passam toda a carreira sonhando com uma participação do Jay-Z, e eu consegui no primeiro single de meu terceiro álbum. O momento foi perfeito, era a música ideal para fazer com ele, e fiquei empolgadíssima só por estar no set de filmagem do clipe, porque eu pensava: 'Uau, estou fazendo um clipe com o Jay-Z!' Foi uma loucura."

O clipe emocionou várias pessoas. Enquanto filmava, Chris ouviu um choro. Incrédulo, olhou para o lado e viu sua assistente derramando rios de lágrimas. Preocupado, ele perguntou entre uma cena e outra se ela estava bem. "Ela me olhou e disse: 'Chris, essa é a coisa mais incrível que já vi!'", relembrou ele. "Realmente parecia que estávamos filmando algo único naquele momento."

Porém, o sonho não podia durar para sempre, e Rihanna logo voltou à realidade. Em poucas horas a filmagem tinha acabado, mas os efeitos da pintura que tomou todo o corpo da cantora durariam muito mais. Uma frustrada Rihanna contou à *Men's Fitness*: "A pintura corporal não foi uma boa ideia. Eu mal podia esperar para tirar aquilo do meu rosto! Essa foi a pior parte: tirá-la! Fiquei no chuveiro por duas horas e meia! Minha melhor amiga teve de vir e tomar banho comigo, porque, quando tentei fazer isso sozinha, o prateado voltava para onde eu tinha acabado de lavar. Então ela disse: 'Tira a mão daí e deixa que eu faço.' Dias depois, eu ainda tinha tinta no cabelo, nas orelhas e até no umbigo. O negócio não saía."

Se a ideia das mãos da melhor amiga tocando Rihanna no banho invocou fantasias lésbicas nos homens de sangue quente pelo mundo, eles ficariam amargamente decepcionados. Rihanna fazia questão de dizer que estava experimentando coisas novas, mas, pelo menos por enquanto, ela não era tão liberada sexualmente quanto parecia e queria apenas extravasar sua criatividade artística.

"Para mim é muito importante mostrar quem sou porque os fãs podem se sentir mais próximos de mim, [mas] quando as pessoas veem o clipe, a primeira coisa que dizem é que fiquei mais sexy, mas eu não estava nem pensando nisso!", contou ela à *Men's Fitness*. "Tudo o que eu usava era um reflexo de como eu me sentia, um reflexo de onde estou agora. E mesmo na parte do clipe em que estou pintada de tinta prateada as pessoas falaram nisso, e eu nem pensava que estava nua, estava pensando no visual. É algo mais artístico para mim, então definitivamente foi mais uma questão de mostrar mais da minha personalidade às pessoas do que de tentar parecer sexy." Ela acrescentou: "Veio naturalmente. Eu não disse 'Vou colocar isso, e será sexy e sombrio.' Não pensei mesmo nessas coisas."

"Umbrella" foi lançada nos Estados Unidos em 29 de março, e no resto do mundo em maio. Acabou sendo um sucesso ainda maior do que Jay-Z imaginara, chegando ao primeiro lugar das paradas em quase trinta países. Ela se manteve no topo da parada da *Billboard* americana, por sete semanas, e no Reino Unido continuou por dez semanas, sendo o primeiro lugar consecutivo de maior duração no país desde 1994.

O momento, porém, era ruim. Tempestades torrenciais e enchentes inundaram o Reino Unido quase ao mesmo tempo em que a música chegou às paradas. Foi um dos piores verões da vida de muita gente, e, de acordo com as estatísticas, o mês de junho mais chuvoso desde que as medições tinham começado a ser feitas.

Dizendo que o tempo maluco tinha sido criado em homenagem à Rihanna, o tabloide *The Sun* descreveu a música como uma "maldição" e estimulou os leitores a tirá-la das paradas o mais rapidamente que pudessem. A reportagem dizia: "Parando para pensar, 'Umbrella' parecia destinada a trazer má sorte. O clipe da música foi gravado numa sexta-feira, 13 de abril. Antes do lançamento do single em 14 de maio, a Grã-Bretanha estava aproveitando o sol. Londres era a capital mais quente da Europa, junto com Atenas, com temperaturas em torno dos 20° C. Mas apenas um dia depois de a canção ter chegado às lojas... o aguaceiro e as enchentes arrasaram o país."

Insistindo que os festeiros poderiam estar inconscientemente fazendo uma dança da chuva, *The Sun* pediu que as pessoas "tirassem a música do primeiro lugar para todo o sempre" e as estimulou a "jogar 'Umbrella' pela descarga, rumo ao esgoto onde merece estar!".

Enquanto músicas como "Summertime", de Jazzy Jeff & The Fresh Prince, ou "Sunny Afternoon", dos Kinks, recebiam um aumento significativo no número de downloads, a posição de Rihanna continuou inalterada. O país pode ter feito piada sobre "a maldição do guarda-chuva da Rihanna", mas sua posição na parada se manteve, e a música continuou em primeiro lugar por mais uma semana.

Quando o site OMM pediu a Rihanna que se desculpasse pelo clima, ela riu: "As pessoas sempre me perguntam sobre isso, e eu penso: 'Hein? É coincidência!' Mas na verdade eu acho que foi o contrário, que o tempo ruim ajudou minha música a ficar em primeiro lugar!"

Ela também disse à revista *Q*: "O clima definitivamente ajudou a música a ficar lá por muito tempo. As pessoas odeiam chuva, mas eis que surge uma música que fala da chuva e faz você se sentir bem, mesmo se o clima estiver horrível!"

Independente da opinião dos críticos, a música bateu um recorde: foi a mais vendida no mundo inteiro em 2007, com nove milhões de singles comprados. Rihanna também estava conseguindo manter "Beautiful Liar", de Beyoncé e Shakira, longe do primeiro lugar. E ainda mais importante, ela teve a maior estreia na parada de downloads desde o início do iTunes, recorde que anteriormente pertencia a Shakira e Wyclef Jean com "Hips Don't Lie". Isso foi importante para Rihanna porque "Hips Don't Lie" conquistara três vezes mais votos que "SOS" na categoria de Escolha da Audiência no Video Music Awards de 2006. Também havia uma barreira entre Rihanna e o primeiro lugar das paradas quando ela tinha começado na indústria musical. Ela enfrentou esse desafio quando "Pon De Replay" foi lançada, por isso era imensamente satisfatório estar acima dos artistas que a tinham derrotado anteriormente.

Porém, a maior conquista foi bater recordes no Reino Unido. "A música está em primeiro lugar na parada de downloads", contou ela, empolgada, ao Concrete Loop na época, "o que nunca tinha sido feito por uma artista do sexo feminino. Eu fiz história lá, e isso me impressionou... Esse definitivamente vai ser o ponto alto da minha carreira."

No meio do total domínio exercido por ela sobre a parada de singles, seu novo álbum foi lançado em 30 de maio de 2007. O fotógrafo Roberto D'Este ficou responsável pela transformação visual de garota boazinha em malvada, fazendo as fotos que apareceram na capa do álbum. Fotos de capa são muito importantes para construir uma imagem com a qual os fãs podem se identificar, e, temendo confusões causadas pela mudança súbita, os empresários de Rihanna queriam ir mudando aos poucos.

"Num acordo feito com a Def Jam e a equipe de Rihanna, a gente queria apenas fazer um visual novo, e não forçar muito a barra", disse Roberto. "Ela tinha apenas 19 anos, e pensamos que seria importante construir a imagem dela aos poucos, sem queimar etapas."

Mas uma Rihanna "extremamente confiante" tinha outras ideias, querendo assumir o controle sobre sua aparência. "Ela deu muitas ideias, especialmente sobre roupas e cabelo. Ela trouxe um monte de recortes de revista para as reuniões e, para uma jovem, ela tinha uma ideia bem clara do que queria", relembrou ele. "Ela queria ser sexy, mas não vulgar."

Pela primeira vez, Rihanna estava gostando dos ensaios fotográficos. Eles não envolviam mais paisagens de praia genéricas em que o visual era planejado até os últimos detalhes. Ela criou autonomia, mas, devido à sua idade, suas ideias precisavam de ajustes. "Rihanna pulava de uma ideia para outra, e às vezes isso não dava certo", disse Roberto. "Ter continuidade era importante, mas ela tinha tantas ideias que precisávamos canalizá-las para nossos interesses."

Porém, no fim das contas, eles conseguiram. "Era uma aparência definitivamente mais agressiva", acrescentou ele em tom de aprovação. "Ela parecia mais confiante. Fez mesmo a transição de menina para mulher."

Em termos musicais, o álbum recebeu vários elogios, com o AllMusic dizendo que era "o ápice do pop" e que, assim como ela esperava quando se inspirou em Brandy, "cada uma das 12 canções [é] um sucesso em potencial". O *New York Times* também elogiou, dizendo: "Esse CD parece ter sido criado cientificamente para fornecer sucessos."

O número de fãs de Rihanna também começou a aumentar. Ela chegou ao primeiro lugar no Japão, na Rússia e no Brasil com o álbum — países que nunca tinham ouvido falar nela antes. Ela também chegou ao topo no Reino Unido, na Irlanda e no Canadá, e ficou em segundo nos Estados Unidos e na Austrália.

Porém, alguns criticaram o lançamento, alegando que ainda era muito artificial e que lhe faltava autenticidade. Por exemplo, Rihanna disse a um entrevistador que homens confiantes demais lhe davam nojo, alegando: "Se um cara é arrogante — é sexy e sabe disso —, estou fora!" Mas em "Push up on Me", o cara com excesso de confiança é o homem perfeito. Para alguns, parecia que ela não acreditava nas próprias letras.

Algo parecido aconteceu em "Question Existing": os fãs achavam que Rihanna estava abrindo o coração sobre algo extremamente íntimo num estilo confessional semelhante a um diário, e só depois descobriram que a letra não fora escrita por ela. Rihanna precisou explicar que confiou em Ne-Yo para dizer "exatamente o que eu sentia".

Embora os perigos da fama fossem obviamente um assunto que os dois tinham em comum, alguns críticos acharam que ela deveria ter dado um toque mais pessoal, de modo a realmente viver o que canta. Além disso, até na amena "Lemme Get That" Rihanna revelou estar apenas interpretando uma personagem.

Os fãs estavam ansiosos para conhecer a verdadeira Rihanna, para que ela cumprisse a promessa feita à mídia quando falou sobre a mudança de imagem. Até agora, a expressão de sua personalidade através da aparência não estava sendo transferida de modo consistente para a música. Rihanna defendeu sua decisão de não escrever as faixas de seu álbum mais vendido até então, dizendo à *Entertainment Weekly*: "Adoro compor, mas se a música é ótima, deixo-a como está. Não sou dessas pessoas que ficam: 'Preciso ter os créditos de compositora!' Esse não é o objetivo, o objetivo é fazer boa música."

O álbum também foi criticado por ninguém menos que Amy Winehouse. Embora Rihanna já tivesse falado de seu amor pela impulsiva cantora de soul, dizendo à *Star Pulse*: "Quero que ela melhore... Seria sensacional fazer uma turnê com ela pelos Estados Unidos", parece que o amor não era recíproco. Amy fez objeção ao uso de "Rehab" como título de uma música de Rihanna, insinuando que era uma cópia de sua canção de mesmo nome. "Rihanna, você me deve uma!", reclamou ela no Twitter.

A abordagem direta de Amy fez Rihanna ficar envergonhada, mas a atenção logo se desviou dessa briga quando o single seguinte da barbadiana, "Shut up and Drive", foi lançado. O clipe, filmado num ferro-velho de Praga, mostra Rihanna posando ao lado de uma Ferrari. Ao fundo estão carros quebrados cujo destino era o lixo e peças de sucata de metal, enquanto Rihanna está com uma aparência impecável. Talvez seja uma metáfora para o fato de ela ter superado outros artistas no mundo da música sendo diferente. Além do mais, embora a vocalista de jazz e R&B Natalie Cole já tivesse cantado sobre um "Pink Cadillac" [Cadillac rosa] nos anos 1980, Rihanna não queria ser tão feminina — o carro em que ela aparece no clipe é reluzente e vermelho. Além disso, a jaqueta de couro preta e a atitude dominante parecem intimidar os homens quando ela se inclina pela janela do carro deles, reforçando ainda mais sua imagem de corajosa.

O About.com elogiou o clipe: "Como qualquer carro esporte de sucesso, a aparência, a sensação e a velocidade de 'Shut up and Drive' atraem, apesar das desvantagens." O site também refletiu sobre a rapidez com que Rihanna chegou ao topo: "Rihanna se estabeleceu como a criadora de sucessos pop mais consistente do momento." Ela estava sob pressão para fornecer outros sucessos, e a BBC News só aumentava as expectativas ao dizer que, embora "Umbrella" fosse o maior sucesso de Rihanna até então, havia "muitas músicas no álbum que poderiam ir ainda mais longe". Ela não era mais uma artista menor, cujo álbum fica escondido no canto da loja de CDs, distante dos grandes nomes. Rihanna tinha se tornado uma sensação do pop, e a expectativa em torno de suas novas músicas era grande.

Quando o single chegou às lojas em 12 de junho, não decepcionou. Embora tenha alcançado apenas o terceiro lugar nos Estados Unidos, ficou em primeiro lugar em diversos países, entre eles o Reino Unido.

Ele foi seguido por "Hate that I Love You", que veio com um clipe digno das primeiras páginas dos jornais, com participação de Ne-Yo. Eles aparecem como ex-namorados que ainda têm uma ligação especial. Os dois terminam o clipe com outras pessoas, mas nenhum deles consegue tirar o outro da cabeça. Quando se encontram num elevador, Rihanna dá um sorriso triste, sabendo que ele sempre terá um lugar especial em seu coração, antes de entrar num carro com o novo amor.

A música, lançada em 21 de agosto, insinua um relacionamento viciante que ambos usarão como parâmetro pelo resto da vida. O site MSN elogiou o fato de não ser mais uma história de amor melosa, comentando que o vídeo conta "uma história familiar de um jeito novo e sem clichês". Contudo, não repetiu o sucesso dos primeiros dois singles, chegando ao sétimo lugar nos Estados Unidos e a uma fraca 15ª colocação no Reino Unido, mas ela conseguiu um recorde de mais de 67 milhões de visualizações no YouTube.

A vida de Rihanna virou uma loucura e estava prestes a piorar. Naquele ano, embora tenha havido muitas brincadeiras e fofocas vazias sobre estrelas que colocavam partes do corpo no seguro, incluindo alegações de que Jennifer Lopez pusera seu famoso bumbum curvilíneo no seguro por uma soma milionária, Rihanna realmente o fez. Suas pernas foram colocadas no seguro no valor de 1 milhão de dólares como parte do acordo de patrocínio feito com a marca de lâminas para depilação Venus Breeze.

Apenas dois anos antes, ela era uma estudante desconhecida que nem tinha terminado o ensino médio. Rihanna passou a trabalhar mais de 11 horas por dia na indústria musical sem qualquer garantia de sucesso. A vida se tornara difícil. Ela fora atingida pelo choque cultural de se mudar para os Estados Unidos e se adaptar ao clima extremamente frio da costa leste. Certamente ela usou um guarda-chuva pela primeira vez para protegê-la do mau tempo por lá e agora estava tomando conta do mundo todo graças ao que antes não passava de um objeto comum. Ridiculamente, Rihanna chegou a ter cinco tipos de guarda-chuva diferentes na linha de produtos com seu nome. Ela também fora elevada a um status que lhe permitia fazer exigências de diva. Embora fizesse questão de dizer que não se aproveitava desse status com muita frequência, colocar as pernas no seguro foi o primeiro passo rumo ao reino das rainhas extravagantes do pop. Mesmo sem fazer questão do título de diva, ela o guardava para usar quando bem quisesse.

E, mais importante, ela finalmente encontrou a liberdade para se expressar. "Primeiro apenas aceitei o que me deram", refletiu ela ao *Observer*, "mas acabei aprendendo a dizer não e falei: 'Não quero vestir isso nem quero meu cabelo assim.' Agora tenho controle total sobre a minha imagem. Aprendi a lição."

Capítulo 5

TODA ROSA TEM UM ESPINHO

A vida de Rihanna parecia quase perfeita — mas até quando? No ano de 2007, Amy Winehouse teve um derrame quase fatal e — embora relutante — disse "sim, sim, sim" para a clínica de reabilitação. Também nesse ano, a festeira Paris Hilton foi presa por cometer crimes ao volante e foi fotografada aos prantos num carro de polícia. Britney Spears raspou a cabeça e quase perdeu a custódia dos filhos, e Kate Moss mostrou ao país por que tinha o apelido de Cocaine Kate [Kate Cocaína].

Enquanto isso, a estrela de reality shows norte-americana Kim Kardashian morria de vergonha após um vídeo de sexo explícito protagonizado por ela vazar na internet.

Em 2007, se você fosse uma jovem celebridade do sexo feminino, um drama ao estilo rock 'n' roll parecia quase obrigatório. Fosse por fumar crack na frente das câmeras, por protagonizar histórias de vício em heroína, por ter um septo nasal destruído devido ao abuso de cocaína ou por emagrecer demais, todo artista parecia ter uma história para contar. Era como se o dinheiro, a fama e o sucesso andassem lado a lado com desastres de proporções épicas. Até agora Rihanna tinha escapado da maioria das armadilhas da fama. Calma e serena, ela era praticamente um modelo de comportamento. Mas toda rosa tem um espinho, como ela estava prestes a descobrir.

Em setembro, ainda curtindo a onda de sucesso de "Umbrella", ela e o também astro de R&B Chris Brown se apresentaram juntos na festa do MTV Video Music Awards. Milhares de pessoas viram o medley de sucessos feito pela dupla, que incluía "Umbrella" e "Billie Jean", de Michael Jackson, na cerimônia que aconteceu no dia 9 no luxuoso hotel Palms, em Las Vegas. Naquela noite ela ganhou os prêmios de Clipe e de Single do Ano. Rihanna estava exultante.

Menos de uma semana depois, porém, o humor dela mudaria drasticamente. Para complicar, como Rihanna tinha começado a maior turnê de sua carreira, não havia como ela se esconder da cruel luz dos holofotes da mídia. No dia 20 de setembro, ela recebeu uma crítica de um show feito em Vancouver com a humilhante manchete: "Akon mostra a Rihanna como se faz." A reportagem sugeria que ela era a coadjuvante do cantor que abria seus shows: "O melhor que se pode dizer de Rihanna é que ela progrediu desde sua última visita. Para começar, ela não parece mais sofrer de surdez musical."

E a crítica continuou, tendo como alvo a regravação de "Is This Love", do ídolo Bob Marley, considerada "sem melodia e deturpada", e a versão de "Pon De Replay", "*drum and bass* numa lata de lixo". Rihanna, que estava orgulhosa por ter aprendido passos de balé em poucos dias para o clipe de "Umbrella", agora se via descrita como uma amadora "incapaz de dançar melhor" do que

Heather Mills, que tem apenas uma das pernas. A resenha concluía que a cantora tinha "muito a aprender para entreter o público", um talento que o texto recomendava que ela adquirisse com Akon.

Outras resenhas falavam de apresentações medíocres e robóticas, e a lista de críticos aos quais Rihanna poderia aplicar a letra de "Question Existing" aumentava a cada dia. Embora fosse costume em Barbados manter os problemas pessoais entre quatro paredes, algo obviamente estava errado. Ela enfim revelou ao *Sunday Times* que estava se sentindo dolorosamente sozinha.

"Primeiro fiquei pilhada com a adrenalina. Afinal, estou realizando meu sonho. Não me ocorreu que eu estivesse sozinha, que não estivesse com as pessoas que amo. Mas depois de um tempo tudo isso ficou repetitivo, e é aí que você para e pensa: 'Uau, estou sentada num quarto de hotel de novo, eu e a televisão.' Quando você é famosa, as pessoas pensam: 'Mas você precisa se preocupar com o quê?' Elas esquecem que o sucesso é apenas um ótimo aspecto de sua vida, mas que por trás disso existem problemas, lados obscuros, solidão e infelicidade."

Naquele outono irracionalmente frio, o sol se pôs para Rihanna, de várias formas. Quanto mais as pessoas a adoravam, menos confiante ela se sentia. Ela amava estar no palco, afinal, "quando você está sob os holofotes, tudo parece bom". Contudo, depois de cada show, a alegria dos fãs gritando seu nome se acabava até ela voltar a ser simplesmente Robyn, uma mulher solitária e cheia de conflitos que duvidava da adulação que recebia e de si mesma.

"Fiz um show em Belgrado para o qual esperávamos seis mil pessoas, mas apareceram 24 mil. E eu não entendia o motivo, ficava olhando para eles e pensando: 'Por que vocês estão gritando por mim? Eu ainda me acho uma garota normal.'"

Tomada pela emoção, Rihanna chorou pela primeira vez numa entrevista. Ela se considerava uma adolescente comum — embora tivesse acabado de colocar as pernas no seguro por uma quantia considerável — e, correspondendo à descrição que ela mesma tinha feito, faltava-lhe autoestima para se achar merecedora de toda aquela adulação. Na verdade, isso a deixava ainda mais confusa e infeliz. De acordo com o *Sunday Times*, álbuns que vendiam milhões e sucesso sem precedentes ainda não conseguiam fornecer "uma afirmação significativa de seu verdadeiro valor". O entrevistador acrescentou: "Por trás dela, havia mãos que a guiavam. Na frente, os flashes espoucando e fãs ansiosos. Nada disso parece muito reconfortante."

Ainda mais difíceis foram as experiências traumáticas de Rihanna no tapete vermelho. "Todo mundo gritando meu nome, aquilo era muito estranho. E eu achava que não estava agradando. Todos pareciam estar muito irritados: 'Rihanna, olhe para cá', 'Não, olhe para cá, Rihanna.'"

Além do mais, estar na estrada nem sempre significava ter a facilidade de helicópteros e voos de primeira classe. Às vezes envolvia vagões de trem apertados e ônibus desconfortáveis. As viagens costumavam ser demoradas, e as distâncias, enormes. Se não era o isolamento de mais um quarto de hotel anônimo — pois ela tinha milhares de fãs e nenhum amigo de verdade —, eram as viagens que varavam a noite no ônibus da turnê. Longe de uma existência glamourosa, e com a oportunidade de sair pelo mundo e conhecer uma cidade diferente a cada dia, ela não conseguia ficar num mesmo lugar por tempo suficiente para fazer amigos ou criar raízes. Ela estava vivendo seu sonho, mas sozinha. Ansiosa por ter uma pessoa com quem dividir a vida, Rihanna chamava amigos de Barbados sempre que podia, mas eles tinham suas próprias vidas. Um era estudante de medicina, e outro se dedicava aos cursos de direito e economia. Havia também os que tinham filhos em Bridgetown e muitos compromissos e não podiam se juntar a ela na turnê.

As longas horas de viagem e a falta de amigos acabaram afetando Rihanna e fazendo com que alguns shows não correspondessem às expectativas. Na turnê britânica, devido a problemas de saúde, três apresentações chegaram a ser canceladas. E os críticos não a deixavam se esquecer disso. Algumas resenhas a repreendiam pelo excesso de trabalho que a levou a adoecer.

Em Belfast, vestida com botas de vinil de salto e cano longo, além de usar um traje minúsculo de couro preto no estilo sadomasoquista, Rihanna cumpriu a promessa de mostrar muita sensualidade. O *Mirror* publicou que ela parecia "ter acabado de sair de uma sex shop" e que "os seios dela pareciam quatro vezes maiores" que a roupa. Mas isso não era o bastante para uma equipe de críticos cada vez mais exigente e implacável.

Quando a turnê chegou ao Wembley Arena, em Londres, no dia 16 de dezembro, Rihanna começava a enfrentar o colapso público de sua carreira. Ela sofria de fadiga causada pelo excesso de trabalho, além de depressão, que os críticos interpretaram como fruto do tédio. De acordo com o *Daily Mail*, sua apresentação foi "fria e controlada". E embora o mundo inteiro parecesse hipnotizado com o novo visual de Rihanna, quando ela precisava subir ao palco e mostrar a que veio, nem todos se impressionavam. O mesmo crítico classificou a aparência dela como "curiosamente desprovida de erotismo", e sua técnica de sedução no palco como "mecânica".

Quando ela subiu ao palco com uma hora de atraso devido a um problema técnico que ficou sem explicação, o *Times* a repreendeu: "Talvez a cantora barbadiana acredite ter o direito de se comportar como uma diva. Afinal, o álbum se chama *Good Girl Gone Bad*, por isso ela simplesmente achou que estava trabalhando demais. Mas tal qual um membro da realeza, não achou necessário se desculpar quando finalmente apareceu." Embora o crítico tenha reconhecido que Rihanna agradeceu aos fãs por "serem tão pacientes", fez declarações de amor a eles e disse que Londres era sua cidade favorita em várias ocasiões, ela não conquistou a simpatia dele, que alegou: "Ela disse essas frases com uma falta de sinceridade robótica... Apesar de ser frequentemente comparada a Beyoncé, Rihanna não está no mesmo nível dela, seja como cantora ou como personalidade."

Uma exausta Rihanna estava ficando desmotivada, tanto pelo cansaço quanto pela decepção com as várias críticas negativas que, por sua vez, pareciam levar a um círculo vicioso de mais críticas ruins. "O que falta é um mínimo de espontaneidade", insistiu o *Daily Mail*. "Ela não consegue fingir e fica esquisita quando tenta. Quando declara: 'Estou me divertindo muito', ela parece estar lendo um TelePrompTer."

Ninguém na mídia parecia entender o drama vivido por ela. Uma manchete estampou: "Cheia de autopiedade, Rihanna canta sobre a dura vida de princesa mimada do pop." A crítica continuava atribuindo o sucesso do álbum às participações especiais de astros já estabelecidos e fazia ainda um aviso sombrio: "Se não houver outros sucessos, esse reinado logo acabará."

A maioria das críticas ao show de Wembley foi negativa, com exceção da feita pelo *Guardian*, que deu cinco estrelas ao show. O jornal achava que por baixo da imagem ousada, das roupas e da encenação de maturidade havia uma jovem vulnerável passando pela maior mudança de sua vida, e sofrendo muito mais do que acreditavam seus detratores. "Com três álbuns nas costas, é fácil esquecer que Rihanna ainda é uma adolescente de 19 anos", alegou o jornal. "Ao contrário da maioria dos astros e das estrelas pop adolescentes, ela raramente aproveitou sua juventude, e apenas a presença ocasional de uma sinceridade um tanto deslumbrada entrega sua idade... Rihanna entra no mundo dos espetáculos de grande porte como se tivesse nascido para aquilo."

Mesmo após aceitar a proposta de fazer um show particular para o oligarca russo Roman Abramovich, que, dizem, lhe rendeu £300 mil, Rihanna estava extremamente infeliz, trabalhando em excesso e mal podendo esperar para voltar para casa. "Sinto muita saudade", disse ela à revista *US*. "Sinto saudade de casa, do Boatyard, minha boate favorita, sinto saudade dos meus amigos, dos meus dois irmãos mais novos. E também sinto saudade da praia e da comida."

Ela não teve de esperar muito tempo para matar as saudades de casa, pois teve alguns dias de folga no Natal e aproveitou para passar o período de festas com a família. Mas mesmo em casa ela não teve descanso das críticas negativas. Nem todo o povo de Barbados lhe deu as boas-vindas, como a maior estrela da nação esperava. Uma das maiores reclamações feitas era quanto à imagem sexy que ela vendia. Apesar disso, Rihanna fazia questão de dizer que guardava as atitudes mais explícitas para os shows. "Minha roupa do dia a dia é muito decente", justificou ela ao *Mirror*. "É casual e um pouco sexy, mas não muito, porque isso é só para o palco."

Mesmo tendo recusado uma lucrativa oferta da edição alemã da revista *FHM* para posar com os seios nus, em Barbados ela ainda era vista como indecente. Um maiô usado na praia naquele ano foi parar nas primeiras páginas dos jornais e inspirou cartas furiosas de pais conservadores. Rihanna acreditava que o fotógrafo tinha insinuado de propósito que ela estava usando o traje de banho para sair na rua.

"Eu estava de maiô e calça jeans, mas o maiô obviamente deixava as costas de fora e também era vazado nos lados", explicou Rihanna. "Eles tiraram a foto e fizeram parecer que era um top muito revelador. Houve programas de rádio em que os ouvintes ligaram para comentar. Foi um estardalhaço por umas três semanas seguidas, todos falando que eu não dava um bom exemplo."

As notícias foram um golpe e tanto. Não só ela tivera suas esperanças de ficar longe do assédio da imprensa por alguns dias, cercada de pessoas que lhe dessem apoio, frustradas, como temia que o caso do maiô tivesse colocado sua reputação em risco.

Rihanna não era mais apenas uma garota normal: agora, todos os seus passos eram examinados minuciosamente. Os olhares de uma nação estavam sobre ela, incluindo crianças, e tudo o que ela fazia tinha o peso da responsabilidade. Embora nos shows ela usasse roupas de látex no estilo dominatrix, saltos agulha e tivesse dançarinos com chicotes — isso era parte da identidade visual de Rihanna —, ela ficava relutante em ser vista como alguém que usava a sensualidade para ganhar fãs.

"Não gosto de deixar muito à mostra", defendeu-se. "Se eu uso um short curtinho, visto uma blusa bem conservadora. Se a blusa é curta demais, uso calça jeans ou outra peça comprida. Gosto de equilibrar. Não vou usar shortinho e um top curto." Ela acrescentou: "É o que admiro muito na Alicia Keys: ela fez sucesso só pela música; tinha um estilo bem conservador no começo da carreira."

Rihanna escolheu fazer o papel da malvada e agora temia sofrer as consequências dessa escolha. Além disso, inesperadamente ela se viu no centro de mais um debate sobre etnia, tanto nos Estados Unidos quanto em Barbados, algo que ela acreditava ter deixado para trás nos tempos de estudante.

Quase nove milhões de leitores elegeram as cem mulheres mais sexy dos Estados Unidos numa pesquisa da revista *FHM*. Quando saíram os resultados, apenas quatro mulheres de origem negra estavam na lista. Para complicar, todas eram mestiças, de pele muito mais clara que a de uma garota negra. As mulheres escolhidas foram Beyoncé, as atrizes Selita Ebanks, Halle Berry, e, claro, a própria Rihanna.

Compreensivelmente, algumas reações na comunidade negra foram de imensa decepção. Uma garota escreveu no fórum da web Gossip Rocks: "A pergunta que eu faço é: por que todas as 'negras gostosas' da indústria são mestiças ou pelo menos multiétnicas com traços europeus? Veja as que foram citadas nessa votação. Por que uma mulher 100% negra não pode ser considerada gostosa?"

Outra pessoa concordou: "Parece que até na comunidade negra há essa grande questão da cor, em que as mulheres mestiças, de pele mais clara, são consideradas mais bonitas." Outra mulher comentou: "Acho que o fato de 99% das mulheres na indústria do entretenimento serem brancas é um reflexo da indústria em geral."

Embora as negras ainda fossem um grupo minoritário na América do Norte em comparação às mulheres de origem branca, o resultado da pesquisa gerou o questionamento constrangedor de por que mais mulheres negras não eram escolhidas para serem atrizes ou cantoras, e mesmo as que eram escolhidas não conseguiam ter uma carreira bem-sucedida.

Para alguns observadores furiosos, as mulheres negras eram propositalmente marginalizadas, e, quando eram notadas, parecia ser apenas como gesto simbólico.

Quando a notícia chegou a Barbados, inevitavelmente a raiva se voltou contra Rihanna. Aqueles que inundaram os fóruns da internet quando ela assinou contrato — Jay-Z a escolhera por ter pele clara — voltaram a atacar.

Acusada de ser sexy, branca e provocante demais, Rihanna não era exatamente popular em Barbados. Segundo boatos, ela chegou a derramar algumas lágrimas quando saiu da ilha para voltar aos Estados Unidos.

Mas por mais que Rihanna se sentisse sozinha, sua vida profissional continuava a todo vapor. "Don't Stop the Music", junto com o primeiro clipe que ela tinha ajudado a dirigir, estava subindo nas paradas, ficando entre as dez mais em 25 países, enquanto "Umbrella" recebia elogios até no mundo do rock. O Manic Street Preachers, grupo famoso por odiar o "pop chiclete" e "a parada comercial", gostou tanto da música que gravou sua própria versão. O baixista Nicky Wire disse ao NME: "Essa foi minha música favorita de 2007. Ela é afiada como uma navalha. E quem poderia imaginar que uma música chamada 'Umbrella' chegaria ao primeiro lugar no mundo inteiro? É uma palavra nem um pouco pop. Adoro quando uma música parece vir de outro universo!"

Enquanto isso, nos BRIT Awards de 2008, o Klaxons misturou "Umbrella" com sua música "Golden Skans" numa apresentação ao vivo que Rihanna adorou. Ela disse à rádio 6 Music da BBC: "Foi bem diferente, muito legal e inesperado, e, quando eu ouvi, queria ouvir de novo. Ficou bem mais rock 'n' roll." Ela disse também que ficou inspirada a gravar uma nova versão igual àquela.

Na mesma época, Madonna estava organizando um evento beneficente em parceria com a Gucci em prol da Unicef e da instituição de caridade criada por ela, a Raising Malawi, e Rihanna foi convidada para participar. O caso de amor entre Madonna e o Malaui começou em 2006 quando ela fundou sua instituição de

Antes de a boa moça virar malvada: Rihanna aposta na feminilidade com cabelos compridos e blusa florida em sua cidade natal, St. Michael, Barbados, para comemorar o dia 22 de abril de 2006, lançamento de seu segundo CD, *A Girl Like Me*. SCOTT GRIES/GETTY IMAGES

Rihanna tem um brilhante início de carreira em evento apresentado por Jay-Z no Teen People Listening Lounge, 24 de julho, 2005. West Hollywood, Califórnia. KEVIN WINTER/GETTY IMAGES

Torcendo por Barbados: Rihanna e seu mentor, Jay-Z, posam no Mercedes Benz Polo Challenge de 2005, em Bridgehampton, Long Island, onde ela foi anfitriã de uma partida patrocinada por seu país de origem. JOHN ROCA/NY DAILY NEWS ARCHIVE VIA GETTY IMAGES

Rihanna experimenta estilos diferentes, exibindo seu jeans Abercrombie & Fitch e um casaco com aplicações em estilo indiano, Colônia, 2005. ROB VERHOST/REDFERNS

Rihanna comemora o álbum de platina, com mais de 1 milhão de cópias vendidas, no *Today Show* da NBC, Nova York, 21 de julho, 2006. EVAN AGOSTINI/GETTY IMAGES

Moça de família: Rihanna mostra seu lado maternal ao lado do irmão mais novo no People Music Lounge em Nova York, 14 de agosto, 2007. JOHNNY NUNEZ/WIREIMAGE

Briga esquecida: Rihanna se reconcilia com o pai, recuperado do vício em drogas, a tempo de comemorar o lançamento de seu CD, *A Girl Like Me,* no hotel Hilton, Barbados. DAVID CRICHLOW/REX FEATURES

Um retrato da inocência: Rihanna segura uma bola de praia e posa para foto com o também ídolo adolescente Chris Brown. Anos depois o romance perfeito acabaria em tragédia. DIMITRIOS KAMBOURIS/WIREIMAGE PARA CLEAR CHANNEL ENTERTAINMENT

Rihanna e seu prêmio do Europe Music Awards da MTV, Dinamarca, 2 de novembro, 2006. Apenas mais uma diva do R&B à primeira vista, ela ousa ao usar um esmalte preto. MJ KIM/ GETTY IMAGES PARA MTV

Rihanna toda de preto, exceto pelo guarda-chuva rosa em uma das muitas apresentações do sucesso "Umbrella". JEFF KRAVITZ/FILM MAGIC

Rihanna, usando um vestido rosa neon, posa ao lado de Chris Applebaum, o diretor que a convenceu a ficar nua e cobrir-se de tinta prateada para o clipe de "Umbrella". Foto tirada no MTV Music Awards, Las Vegas Palms Hotel, 9 de setembro, 2007. ETHAN MILLER/GETTY IMAGES

Rebelde sem causa: Rihanna aperfeiçoa sua expressão mais intensa e mal-humorada enquanto implora que alguém a ajude numa interpretação da música "SOS" no Legacy Recording Studios, Nova York. ROBERT SABO/NY DAILY NEWS ARCHIVE VIA GETTY IMAGES

Rihanna e Ne-Yo encantam a plateia de Los Angeles com um dueto no Nokia Theatre durante o American Music Awards em 18 de novembro, 2007. ETHAN MILLER/GETTY IMAGES

Para alguns, um traje fetichista, mas para Rihanna o estilo sadomasoquista chique é o uniforme de trabalho. Aqui ela arrasa num look em couro com botas de cano alto durante show no Nokia

Rihanna recebendo o Grammy de Melhor Rap/Parceria por "Umbrella", Los Angeles, 10 de fevereiro, 2008. VINCE BUCCI/GETTY IMAGES

Imponente, Rihanna se apresenta ao lado de suas colegas Beyoncé e Miley Cyrus no evento Fashion Rocks em Nova York, 5 de setembro, 2008. KEVIN MAZUR/WIREIMAGE

Gangsta chic: Rihanna usa uma jaqueta de couro e óculos escuros, aparentando frieza numa apresentação com T.I no MTV Music Awards em Los Angeles, 7 de setembro, 2008. KEVIN WINTER/GETTY IMAGES

Alta temperatura. Rihanna e Chris Brown aquecem uma fria noite de dezembro no Z100 Jingle Ball no Madison Square Garden cantando um para o outro de forma sedutora, 2008. KEVIN MAZUR/ WIREIMAGE PARA CLEAR CHANNEL ENTERTAINMENT

Rihanna com uma aparência bem diferente do padrão da Semana de Moda de Paris, com os cabelos curtos, óculos escuros e um visual todo preto. JOHNNY NUNEZ/WIREIMAGE

Rihanna alimenta rumores de um relacionamento lésbico quando — inocentemente ou não — repousa a mão no ombro de sua melhor amiga e assistente Melissa Forde na festa de lançamento de seu CD *Rated R* na boate Juliet em Nova York, 24 de novembro, 2009. JOHNNY NUNEZ/WIREIMAGE

Rihanna, à altura do papel, usando uma bolsa com miçangas pretas e vermelhas no desfile da Chanel *prêt-à-porter* no Grand Palais, Paris, 6 de outubro, 2009. ERIC RYAN/GETTY IMAGES

Rihanna aproveita o tempo livre para assistir a uma partida de basquete no Staples Center acompanhada do atencioso pretendente, Matt Kemp, jogador de baseball do Los Angeles Dodgers. KEVORK DJANSEZIAN/GETTY IMAGES

É um brinquedo erótico ou uma arma de destruição em massa. Sentada em seu canhão cor-de-rosa, Rihanna mostra a seus inimigos que está pronta para a guerra em uma de suas apresentações mais extravagantes em 2010, Sacramento, Califórnia. MOSENFELDER/CORBIS

Rihanna sobe ao palco com um vestido de casamento nada convencional para simbolizar a união de dois estilos de música muito diferentes em dueto com o rapper Eminem no MTV Video Music Awards em Los Angeles, 12 de setembro, 2010. KEVIN MAZUR/GETTY IMAGES

Flor rebelde: Rihanna faz jus à primeira palavra de seu apelido ao usar um vestido com aplicações de flores no Europe Music Awards da MTV, em Madri, 7 de novembro, 2010. KEVIN MAZUR/GETTY IMAGES

Rihanna dança com Drake durante uma performance de “What’s My Name?” no Grammy em Los Angeles, 13 de fevereiro, 2010. KEVIN MAZUR/WIREIMAGE

Rihanna usa um quepe de policial para uma apresentação no *Today Show* da NBC em Nova York, 27 de maio, 2011. JAMIE MCCARTHY/WIREIMAGE

Rihanna se apresenta no V Festival em Staffordshire, um show que lhe rendeu 500 mil libras, 20 de agosto, 2011. MARK SUMNER/REX FEATURES

caridade para ajudar os órfãos com aids no país, que chegavam a um milhão.

O país em questão sofria com pobreza e doenças, e suas crianças, além de não terem acesso à educação, eram desesperadoramente desnutridas. Numa tentativa de ajudar, Madonna adotou um bebê — decisão pela qual foi duramente criticada na imprensa — e jurou arrecadar o máximo de dinheiro possível, com doações próprias e usando seu status de celebridade a fim de atrair atenção para a causa. (Ela depois se envolveria num escândalo quando £2,4 milhões doados para construir uma escola foram gastos em bônus para a equipe, sem que um só tijolo fosse comprado.)

O evento de arrecadação de fundos, A Night to Benefit Raising Malawi and Unicef [Uma Noite para Beneficiar o Raising Malawi e a Unicef], aconteceu em Nova York no dia 6 de fevereiro de 2008 para marcar a abertura de uma nova loja da Gucci e também rendeu muita polêmica. Tanto Madonna quanto a Gucci foram acusadas de usar a causa para autopromoção, criando uma imagem humanitária com objetivo de aumentar as vendas por meio da publicidade gratuita. Alguns a acusaram de exploradora e paternalista, mas a lista de convidados — que poderia ser considerada um atestado de importância em Hollywood — estava cheia de pessoas que pareciam pensar o contrário.

Gwyneth Paltrow, Gwen Stefani, Tom Cruise, Dita von Teese e uma gravidíssima Jennifer Lopez marcaram presença. "Quando Madonna pede para você fazer algo, você faz", disse o estilista Matthew Williamson, tentando se explicar. Mesmo parecendo que Madonna tinha hipnotizado metade de Hollywood para que obedecessem suas ordens, foi tudo por uma boa causa. Num leilão de eventos com celebridades, como uma sessão de aeróbica com Madonna, foram arrecadados mais de 5 milhões de dólares. Entre os artistas que se apresentaram no evento estavam Timbaland, Alicia Keys e, claro, Rihanna, que depois se inspiraria nesse evento para organizar os seus. "É uma grande honra poder usar minha fama por uma causa que vale a pena", declarou ela.

Foram momentos especiais para Rihanna, que culminaram na conquista de seu primeiro Grammy, no dia 10 de fevereiro. Além disso, ela tinha um amigo íntimo a seu lado, o astro do R&B e morador de Los Angeles, Chris Brown. Sucesso adolescente e um ano mais novo que ela, Brown fora descrito como o próximo Michael Jackson. Ironicamente, Brown tinha sido descoberto quase acidentalmente quando caça-talentos apareceram por acaso no posto de gasolina do pai dele.

Ele e Rihanna assinaram contratos com a Island Def Jam com poucos meses de diferença, e ambos lançaram álbuns de estreia em 2005. De início, Chris fez mais sucesso que Rihanna, transformando-se no primeiro artista do sexo masculino a ter, depois de 1995, um single de estreia no topo da parada norte-americana. E enquanto ela estava sob pressão para repetir o sucesso de "Pon De Replay" e enfrentava críticas negativas que se referiam a ela como "cantora de um sucesso só" e à música como "uma bela faixa de fim de verão, mas definitivamente não algo a partir do qual se construiria uma carreira", o CD de estreia de Chris, que levava seu nome, rapidamente chegou ao topo da parada de álbuns, vendendo mais de dois milhões de cópias apenas nos Estados Unidos num curtíssimo espaço de tempo. Os críticos escreveram resenhas empolgadas, dizendo que ele dançava melhor que Michael Jackson.

Ele e Rihanna construíram carreiras de sucesso ao mesmo tempo, e seus caminhos muitas vezes se cruzavam. Porém, existem grandes diferenças entre os dois. Enquanto Rihanna era vendida como uma garota inocente no começo, a atitude de Chris foi bem diferente. Um dos principais fatores de apelo do cantor era um mau comportamento vendável, algo muito apreciado no mundo do hip-hop. "Eu componho sobre o que adolescentes de 16 anos de idade vivem todos os dias", explicou ele à MTV. "Por exemplo, arrumar confusão por levar a namorada em casa escondido ou por roubar um carro já que não pode dirigir, coisas assim."

Sua reputação de bad boy ficou determinada desde o início, mas esse era exatamente o tipo de homem de que Rihanna gostava, e os dois logo construíram uma sólida amizade. Naquela noite do Grammy, ele estava lá para compartilhar o momento, quando, junto com Jay-Z, ela ganhou o prêmio de Melhor Rap/Parceria. A noite pode ter sido de Kanye West, cujos quatro prêmios recebidos foram o comentário das festas pós-cerimônia, mas para Rihanna — que foi indicada em seis categorias — ser lembrada por "Umbrella" foi o bastante. Ela recebeu o prêmio junto com Jay-Z.

Apesar da recepção gélida em Barbados, sua oferta de paz foi dedicar o prêmio a seu povo: "Barbados, ganhamos uma!", disse ela sorrindo. "Eu amo vocês!"

Barbados devolveu o elogio organizando rapidamente uma festa em sua homenagem — no dia 21 de fevereiro, que viria a ser conhecido como o Dia da Rihanna. Na comemoração em seu país, Rihanna exibiu o status de superestrela ao chegar com uma comitiva de policiais, seguranças e auxiliares. Ela deu um aceno típico da realeza antes de ser abraçada pelo primeiro-ministro da ilha, David Thompson, e foi bem-recebida por centenas de fãs que carregavam guarda-chuvas amarelos como prova de lealdade. Empresas locais a encheram de presentes, de uma Land Rover a uma pulseira de diamantes que valia milhares de dólares. O governo também lhe ofereceu um pedaço de terra.

Esses gestos materiais poderiam não ter significado algum para uma pessoa cujas músicas rendiam milhões por estarem no topo de todas as paradas, mas o importante foi o fato de serem presentes de seu povo. E também poderiam gerar a oportunidade de retomar o relacionamento com a ilha, que andava abalado.

Feliz da vida, Rihanna se apresentou de graça em sua própria festa e disse à multidão naquela noite: "Estou muito grata e nunca tive tanto orgulho de ser barbadiana quanto agora! Quero agradecer a todos vocês por virem aqui hoje e por apoiarem minha carreira desde o início!"

No dia seguinte, Rihanna viajou para a Jamaica, onde estava agendada uma apresentação como parte do festival anual Africa Unite, em homenagem a Bob Marley. Como vários integrantes da família Marley também se apresentariam, assim como o renomado John Legend, Rihanna estaria em excelente companhia.

O lugar era a James Bond Beach, uma faixa de areia que ganhou esse nome porque Ian Fleming, criador do famoso agente secreto, construiu uma casa ali. E o festival tinha por objetivo estimular a união na comunidade negra. Antes do show, um simpósio para a juventude lidou com questões que atingem a África, como a incidência de aids, a questão dos líderes negros e "o papel e a importância da criança do sexo feminino".

Porém, em 23 de fevereiro a plateia só tinha uma música na cabeça. Quando Rihanna fez sua entrada triunfal no palco, muitos se perguntaram como ela poderia se comparar a uma escalação de músicos conhecidos como "lendas profissionais do reggae". Será que seu estilo pop comercial seria bem-recebido? Ou ela seria menosprezada por abandonar suas raízes?

Independente das respostas a essas perguntas, ela não precisava ter se preocupado quanto a ser ignorada, pois seu vestido étnico de contas causou comoção quando mostrou um decote que teria feito Katie Price parecer pudica. Rihanna estava supostamente mostrando uma nova plástica nos seios, mas a multidão chamou o visual dela de "indecente" e "vulgar", gritando para que ela usasse "roupas de seu tamanho".

Ela chamou muita atenção no evento, mas as próteses nos seios, que quase pulavam do vestido perigosamente curto, não foram as únicas responsáveis por fixar todos os olhares nela. Muito menos seu tributo à mais famosa lenda jamaicana, com a apresentação de quatro músicas que algumas pessoas da plateia descreveram como "sensacionais". Em vez disso, o que realmente deixou algumas pessoas intrigadas foi o fato de Rihanna ter se apresentado com Chris Brown.

Ele fez uma aparição não oficial durante o show do Elephant Man e, de acordo com o Yard Flex, "quase roubou a cena". Segundo o site, "seus movimentos quando dançava lembravam os de uma cobra, os quais somados à sua voz penetrante não tinham como dar errado". Foi uma humilhação para Rihanna quando disseram que ele a tinha ofuscado, mesmo não fazendo parte da festa oficialmente. "Ela se apresentou como se não merecesse estar ali", comentou o site. "O show foi letárgico, e a plateia respirou aliviada quando ela saiu do palco."

Além disso, tanto os jornais britânicos quanto os norte-americanos souberam do fato e publicaram erroneamente que Rihanna e Chris tinham passado as férias juntos, quando, na verdade, ela tinha ido à Jamaica para fazer um show. Mas a especulação da mídia sobre os dois não era totalmente infundada, e tinha começado na festa de entrega dos Grammy. Na ocasião eles foram fotografados ao lado do também casal da indústria do entretenimento Nas e Kelis; o assédio aumentou ainda mais quando paparazzi os flagraram trocando carícias numa piscina de hotel na Jamaica.

Ironicamente, Rihanna costumava cantar "Is This Love" de Bob Marley, em seus shows, a mesma pergunta que a mídia começara a fazer. Seria um casinho ou um relacionamento sério? De acordo com Rihanna, nenhum dos dois. "Não vou dizer que somos apenas amigos", começou ela, provocando. "Eu e Chris somos os melhores amigos um do outro. Começamos a carreira na mesma época. Ele é uma das poucas pessoas do meio em quem acredito e com quem saio. Somos ótimos amigos, sinceramente, como dois irmãos. Se ele fosse meu namorado, eu contaria."

Chris parecia igualmente incrédulo quanto aos rumores, insistindo que "pessoalmente, em se tratando de relacionamentos, sou um cara solteiro. Definitivamente solteiro. Vi em meu site algumas garotas me ameaçando, dizendo que sou mentiroso, e fiquei tipo: 'Longe disso'". E acrescentou: "Tenho uma amiga próxima, mas não temos um relacionamento. Não estou procurando um relacionamento sério. Tenho apenas 18 anos, então só quero viver minha vida e me divertir."

Apesar das negativas do casal, eles eram fotografados juntos com frequência, estavam cada vez mais íntimos e, em pouco tempo, fizeram tatuagens idênticas no pescoço com o desenho de três estrelas. Será que, como Jay-Z e Beyoncé no início, eles estavam mantendo o relacionamento em segredo para se proteger dos boatos? Se esse era o objetivo, o silêncio apenas aumentou as especulações.

A empresária de Chris, Tina Davis, acabou com o segredo quando revelou que o casal já namorava há algum tempo e que, longe de uma simples amizade, eles tinham um relacionamento tão sério que evitavam se separar e sentiam saudades quando precisavam fazê-lo. "Ele a adorava", explicou Tina. "Chegou ao ponto de eles não conseguirem se separar nem por um momento. Tanto nós quanto o empresário dela dizíamos: 'Ok, agora você precisa fazer isso', e eles respondiam: 'Mas a gente não quer ficar longe um do outro.' E a gente: 'Meu Deus! Só por cinco minutos, por favor!' Nós acabamos tentando coordenar as agendas para que eles pudessem estar na mesma cidade ao mesmo tempo. Eles se amavam demais."

Apesar disso tudo, os dois não confirmavam os boatos de que estavam juntos. Desde o início da carreira, Rihanna admitia desejar solteiros disponíveis no mundo do cinema e da música, mas insistia que não tinha tempo para um relacionamento de verdade e que o amor estava "em segundo plano".

Porém, o fotógrafo Roberto D'Este contou com exclusividade que o romance deles na verdade começou muito antes, na época em que Rihanna ainda lutava para colocar "Umbrella" em seu álbum, devido ao significado especial que a música tinha para ela. "Na letra, o guarda-chuva representava o namorado que a protegia dos problemas diários", revelou ele. "No fim das contas, é uma canção de amor."

Aparentemente, as pessoas mais próximas ao casal temiam que o relacionamento fosse pesado a ponto de se tornar autodestrutivo, comparando os dois ao casal Amy Winehouse e Blake Fielder-Civil. Naquele mesmo ano, Amy não aparecera para gravar o clipe de "Love Is a Losing Game", e muitos culparam o relacionamento por sua ausência. O empresário ligou insistentemente para ela, mantendo a equipe de produção inteira à disposição das oito da manhã até tarde da noite, mas a gravação teve de ser abandonada ao custo de £20 mil.

Quando Amy finalmente deu sinal de vida, revelou que estava em casa com o marido o tempo todo. Ela também chegou às manchetes quando apareceu gritando histericamente, chorando e tentando pular os portões de segurança da estação do trem Eurostar porque tinha mudado de ideia quanto a deixar o marido para trás por apenas 24 horas. A dupla não suportava dizer adeus, e Amy passou a cancelar aparições públicas frequentemente para ficar com ele.

Após o casamento, Amy parecia ter se transformado da noite para o dia de uma profissional ambiciosa que amava se apresentar numa mulher destruída e insegura que alegava "não ter sido colocada aqui [na Terra] para cantar, mas sim para ser uma boa esposa". Vendo os desastres que o estrelato parecia causar nas celebridades, as pessoas próximas a Rihanna temeram que ela seguisse o mesmo caminho. Alguns achavam Rihanna e Chris perigosamente dependentes um do outro, ainda que lhes faltasse o pano de fundo de drogas e autodestruição que rondava Amy e Blake.

Embora o relacionamento se mostrasse obsessivo e Chris fosse conhecido pela imagem de *bad boy*, o superprotetor Jay-Z, que representava uma figura paterna para Rihanna, parecia ter aceitado a relação. De acordo com ela, quem não fosse aprovado por ele não seria permitido em seu mundo.

Para complicar, em vez de simplesmente trocar palavras de carinho e evitar falar de trabalho, os dois rapidamente criaram uma parceria também no estúdio. Eles compuseram "Bad Girl" juntos, uma canção sobre uma compradora compulsiva que é fã das marcas Cavalli, Gucci, Louis Vuitton e Versace. A garota da música é viciada em roupas de alta-costura, e, embora a personagem não seja famosa, seu guarda-roupa é tão caro que atrai uma legião de admiradores. Porém, como o dinheiro da moça acaba, ela define seus excessos como um problema.

Outra faixa em que o casal trabalhou junto foi "Electric Guitar", um dueto feito para entrar no álbum seguinte de Chris.

De acordo com a letra, uma música faz Rihanna se lembrar do amado. Cada toque nas cordas da guitarra provoca uma imensa emoção, pois ela se diz arrasada por estar longe dele. Chris pede que ela o controle com sua melodia, e Rihanna o atende com paixão. Uma versão anterior da música, gravada sem os vocais de Rihanna, caiu na internet e enfureceu Chris: "Odeio o fato de a música ter vazado", disse ele à *Associated Press*. "A gravação ainda não estava pronta. Era para ser um dueto meu com a Rihanna."

Apesar desses empecilhos, parecia que os dois estavam se inspirando mutuamente em termos criativos, e, de acordo com Polow da Don, produtor de Chris, era ótimo trabalhar com Rihanna. "É fácil porque só a energia do Chris já é incrível", disse ele à MTV. "Ele é um garoto muito dinâmico. Já a Rihanna tem uma voz singular, ela é uma das pessoas mais fáceis de se trabalhar do mundo."

Mesmo sem ter experiência suficiente para compor sozinha, Rihanna estava disposta a contribuir com ideias. "Quando ela, Chris e eu estamos no estúdio é divertido", continuou ele. "Nessas horas a música não tem nada de trabalhosa, é bem livre: o Chris dá uma ideia, eu digo outra, [e] Rihanna contribui. E assim a gente cria."

Estar desesperadamente apaixonada também não impediu Rihanna de se envolver com instituições de caridade. Ela começou a ampliar a Believe Foundation, que fora fundada no início de 2006, para realizar seu sonho de infância de melhorar o mundo. Ela sempre teve um apreço especial por crianças por ter criado os irmãos mais novos desde pequenos e, quando era pré-adolescente, ficou muito impressionada com documentários que assistiu sobre crianças sofrendo de câncer. A vontade de ajudar se realizou, pois agora ela trabalhava publicamente para conscientizar as pessoas sobre os tipos de câncer do sangue e pedindo doadores de medula óssea a fim de ajudar as vítimas de tais doenças. Mesmo com foco nas crianças, pois Rihanna odiava ver essas vidas terminadas antes mesmo de terem começado, a campanha atingia pessoas de todas as idades. Ela organizou três shows em prol da causa em março e abril, em Chicago, São Francisco e Nova York. A Bear Necessities Pediatric Cancer Foundation receberia uma doação a cada show realizado.

Mais ou menos na mesma época, Rihanna ficou assustada ao saber de uma mãe com leucemia, Lisa Gershowitz-Flynn, que morreria se não fizesse um transplante de medula em seis semanas. O tempo estava se esgotando, e a procura por um doador compatível não parecia ir bem.

Temendo pelo bem-estar dos filhos de Lisa com a eventual morte da mãe, Rihanna lançou uma campanha para ajudar. "Lisa tem dois filhos... E ela morreria se não tivesse conseguido um transplante de medula. Eu sabia que ela não podia abandonar os dois filhos", contou Rihanna à *Glamour*. "Era só o que passava pela minha cabeça. Por isso nós rezamos muito."

Mas ela não fez só isso. Sua campanha, junto com a da rede internacional de doadores DKMS, foi um sucesso: "Conseguimos recrutar e registrar aproximadamente dois mil novos doadores apenas com as ligações e com os e-mails que recebemos", contou a vice-presidente da DKMS, Katherina Harf. Apesar do pouco tempo disponível para salvar a vida de Lisa, um doador foi encontrado. Lisa mandou um e-mail público de agradecimento em que dizia: "A língua inglesa não tem palavras adequadas para agradecer a alguém que trabalhou para salvar sua vida... O fato de Rihanna pensar em ajudar os outros e de reservar um tempo para se dedicar a isso mesmo estando tão ocupada com a carreira é incrível."

Rihanna contou à revista *People*: "Minha instituição de caridade, a Believe, trabalha especificamente com crianças necessitadas. As crianças precisam das mães mais do que tudo no mundo. Lisa tem dois filhos. A instituição continuará a trabalhar para a DKMS, porque ao encontrar um jeito de salvar a vida de Lisa, acabamos salvando também a vida das crianças."

Por ter sobrevivido a uma infância difícil, enfrentado regularmente sentimentos de medo, tristeza e insegurança, Rihanna tinha uma afinidade especial com crianças problemáticas. Os três shows beneficentes que ela organizou lhe deram uma oportunidade de encontrar algumas delas, dar autógrafos e distribuir ingressos para a primeira fila numa das apresentações. Os shows mostraram um lado mais dócil de Rihanna, cujas apresentações temporariamente aboliram os chicotes, o couro e os quadris em movimento. As crianças adoraram.

"Em minha infância, eu assistia na televisão a todas aquelas crianças sofrendo e sempre dizia: 'Quando eu crescer, quero ajudar!'", explicou Rihanna no show que fez em Chicago. "Pouco tempo depois, tinha condições de fazer isso… O que eu mais detestava quando criança era a decepção, por isso jamais quero decepcionar as crianças. Sempre quero fazê-las sorrir. Crianças são o futuro."

Apesar de todos os esforços, Rihanna se viu diante de pesadas críticas em Barbados: algumas pessoas acreditavam que a caridade começava em casa e que ela não estava fazendo o bastante em seu país a ponto de honrar sua terra natal. Enquanto revistas de celebridades como a *People* faziam reportagens cheias de elogios, em Barbados o *Nation News* exigia saber por que ela não estava fazendo o mesmo — ou até mais — pelo seu país.

Respondendo à revolta de alguns barbadianos que ouviram fofocas sobre as festas dadas por Rihanna para seus novos amigos famosos, a colunista Carol Martindale publicou uma reportagem de página inteira sobre o debate. "Rihanna precisa… procurar um jeito de ajudar seu país e seu povo", escreveu ela. "Os barbadianos têm expectativas em relação a essa jovem. As pessoas querem saber quando Rihanna fará um show em prol do povo de Barbados. Também querem saber quais instituições beneficentes locais ela ajuda. Seria bom se ela reconhecesse que a quem muito foi dado muito será exigido!"

Uma chuva de cartas dos leitores chegou em resposta ao texto. Um homem reclamava: "Existem muitas pessoas inventando desculpas para Rihanna. Ela conhece esse país, pelo menos assim eu acho, entende nossa cultura e deveria estar falando de nossos problemas... Se ela continua desprezando nosso povo e a terra onde nasceu, por que devemos tê-la como embaixadora? Uma embaixadora não age desse jeito!"

Outro leitor, por sua vez, questionou se as pessoas que criticavam Rihanna não passavam de invejosos, alegando, em referência ao título da matéria: "Não pergunte o que seu país pode fazer por você e sim o que você pode fazer por ele. Quem fala mal da Rihanna deveria se perguntar exatamente isso. As críticas parecem ser movidas pelo fato de ela estar 'dando festas para os amigos famosos' e não para eles."

Também houve reportagens inconvenientes sobre os gastos excessivos de Rihanna, incluindo alegações de que ela fora a segunda celebridade a exigir segurança policial 24 horas por dia para um show na Irlanda. O pedido foi negado, e uma fonte revelou:

"Recusaram porque o público não quer ver uma celebridade recebendo tratamento especial enquanto todos enfrentam engarrafamentos."

No mesmo show, que aconteceu em Dublin no dia 26 de fevereiro, Rihanna supostamente alugou o spa inteiro do hotel Four Seasons para uso exclusivo ao custo de €10 mil. Além de exigir uma câmara de flutuação, os funcionários disseram que ela pagou mais de €100 mil ao hotel durante sua estadia. De acordo com o *Irish Times*, "Rihanna pode estar no mercado há apenas alguns anos, mas já está virando uma diva e tanto".

Será que a letra de "Bad Girl" sobre gastar demais não falava de um personagem, mas sim de um hábito da vida real? Enquanto isso, o valor da terra oferecida pelo governo de Barbados praticamente se igualara aos gastos feitos por ela em sua curta visita à Irlanda, uma soma que os barbadianos de poucas posses não devem ter engolido facilmente. Seria apenas inveja de seus ganhos de €5 milhões, ou eles tinham razão quando perguntavam o que ela fazia para dividir a própria riqueza com seu país de origem?

De acordo com a senadora barbadiana Irene Sandiford-Garner, porém, o terreno foi um pequeno gesto de carinho — de US$100 mil —, com custo sete vezes menor do que o de um comercial de trinta segundos promovendo Barbados numa rede de TV dos Estados Unidos. Ela também acreditava que toda vez que o rosto de Rihanna aparecia em alguma capa de revista norte-americana a curiosidade dos fãs sobre sua terra natal aumentava, e o turismo era estimulado de modo muito mais eficaz e contínuo do que o conseguido por um comercial.

Descrevendo Rihanna como "o produto de exportação mais valioso" do país, Irene argumentou que "alguém entre nós fez o que ninguém mais conseguiu. Nenhum político, atleta, médico ou advogado barbadiano é tão conhecido no mundo quanto Rihanna. Ela por si só é uma incrível campanha publicitária para Barbados, e por isso devemos mostrar admiração e honrá-la com algo significativo... É uma jovem barbadiana bem-sucedida, que merece tudo o que pudermos dar a ela."

Essas palavras podem ter consolado Rihanna, mas os problemas no front doméstico voltaram quando o pai a humilhou no show beneficente de Chicago. Ele se juntara à filha na estrada no mês anterior, após uma reconciliação em que prometera que os dias de abuso de drogas e álcool tinham acabado.

Mas assim que Rihanna o recebeu de volta em sua vida, ele ficou tão bêbado que ela foi obrigada a colocá-lo num voo de volta para Barbados. "Fui um babaca", confessou ele ao *Mirror*. "Eu me lembro de a Robyn ficar com muita raiva e dizer: 'Pai, você vai voltar para casa.' Um dos assistentes dela me colocou num avião... Eu sei que tinha conquistado a confiança dela e que a decepcionei ao me embebedar."

Afastada do pai e em conflito com muitas pessoas de Barbados, não surpreende que sua próxima música tivesse um clima mais pesado que o normal. "Take a Bow", lançada em 15 de abril, era a vingança humilhante e constrangedora diante do drama de quinta categoria feito por um ex-namorado tentando convencê-la de que estava arrependido por tê-la traído. Rihanna não aceita as desculpas, nem as declarações de amor. Para ela, não era a primeira vez que isso acontecia, e tinha chegado a hora de mudar de canal. Segundo ela, o rapaz se arrepende apenas por ter sido flagrado.

O single chegou ao primeiro lugar no Reino Unido, nos Estados Unidos, no Canadá e na Austrália, e foi o segundo single desde o lançamento de *Good Girl Gone Bad* a alcançar o topo das paradas. Menos de um mês depois, Rihanna voltaria ao estúdio para gravar a voz numa canção do Maroon 5. O grupo já tinha produzido a música "If I Never See Your Face Again", mas estava ansioso para tentar algo diferente e acrescentar um vocal feminino. Eles nem precisaram insistir muito para convencer Rihanna a participar. "Eu disse: 'Aceito qualquer música. Não importa se eu não gostar. Quero participar porque o Maroon 5 é demais!", empolgou-se ela em entrevista à GMTV.

Mesmo com Rihanna alegando que o Maroon 5 era sua banda favorita do momento, o vocalista Adam Levine também estava de olho na sensualidade da cantora. "Ela é obviamente linda, talentosa e maravilhosa, então pensei: 'Olha, não tem escolha melhor! [Mas] eu sempre acho difícil me concentrar [nas filmagens], ela não facilita para mim!", brincou ele.

No clipe, Rihanna usa um batom bem vermelho — cor que anteriormente lhe era proibida, marcando a transição para uma artista que faz música do próprio jeito. É um vídeo com clima de flerte, tendo como pano de fundo um palco iluminado e de cores fortes que precisava ser pintado novamente entre as filmagens. Havia até o que um crítico descreveu como um "líder de torcida de química sexual", que ficava gritando "O clima tá quente!" como estímulo entre as gravações.

Enquanto o *Guardian* descreveu as cenas como "erotismo sofisticado", Adam disse à MTV: "É um tipo de fotografia ultraglamourosa, baseada no estilo do fim dos anos 1970 e início dos anos 1980. É muito estilosa e bonita... E a coisa mais coreografada que já fiz."

O principal argumento de venda do clipe era o apelo sensual, e Rihanna dava corda aos rumores dizendo que, em uma palavra, Adam era "gostoso", acrescentando: "Não fiz muitos vídeos em que existisse tanta química entre mim e o outro artista."

De acordo com o *Guardian*, porém, o flerte era apenas "profissional", e Rihanna depois admitiu que era tudo atuação. "Foi divertido, mas era difícil ficar séria nas cenas de sedução porque Adam e eu somos amigos", confessou ela ao IGN Music. "Volta e meia a gente caía na gargalhada no meio da gravação."

Ao contrário da outra colaboração do Maroon 5, com Kanye West em "Heard 'Em Say", em 2005, o single com Rihanna não alcançou as expectativas, chegando a um modesto 57º lugar na parada norte-americana. No Reino Unido saiu-se um pouco melhor, ficando em 28º lugar, mas continuava sendo o single de pior desempenho de Rihanna na parada do Reino Unido.

Embora o Maroon 5 carecesse de credibilidade "no meio do R&B", Rihanna não ficaria fora das dez mais por muito tempo. No mês seguinte, em 17 de junho, uma nova versão de *Good Girl Gone Bad* chegou às lojas com as mesmas músicas do anterior, acrescidas das faixas bônus "Take a Bow" e "If I Never See Your Face Again", além da inédita "Disturbia" e da faixa bônus para o Reino Unido, "Cry".

Em "Cry", Rihanna faz o papel de uma antirromântica convicta que fora magoada no passado e resolveu nunca mais abrir espaço no coração para outra pessoa. Apesar de ver os namorados como brinquedos, ela de repente se apaixona, com um final traumático. Mais uma vez ela ergue uma barreira para se proteger e promete que nunca dará ao ex o prazer de vê-la chorar.

Como ela já tinha dito à imprensa que "odeia ficar vulnerável" e que já sofreu enxaqueca na infância por tensão devido à determinação de reprimir emoções, "Cry" talvez fosse a letra mais representativa da verdadeira Rihanna.

A máscara fabricada estava caindo aos poucos, à medida que

Rihanna ganhava confiança para arriscar novas experiências. "Entrei no estúdio fazendo música do meu jeito", disse ela ao Digital Spy. "Me encontrei totalmente."

Ela continuou mantendo o controle da carreira em "Disturbia". Rihanna já não era mais adolescente, pois fizera 20 anos alguns meses antes, e, embora ainda fosse jovem, já tinha vendido nove milhões de CDs — mais do que muitos artistas conseguem a vida inteira. Ela sentia que tinha o direito de começar a experimentar algo novo e de assumir riscos, e ganhou confiança adicional por ter recebido a música de Chris Brown, em cujo julgamento musical ela acreditava plenamente.

O chefão da Def Jam, L.A. Reid, disse à MTV: "Foi a primeira vez que Rihanna chegou e disse, 'Aqui está a música que quero lançar', e cantou para mim. Ela assumiu o comando, sabe o que é um sucesso e o que quer dizer. E agora está em posição de fazer isso."

Chris Brown e sua equipe originalmente compuseram a canção para ele mas, ao terminá-la, ele percebeu que "Disturbia" ficaria melhor com um vocal feminino, e sua namorada foi a primeira pessoa para quem mandou a música. "É divertido ser criativo, e, se você tiver uma ideia na cabeça sobre a qual quer escrever, é possível que não sirva para você, mas você pode compor e dar para outra pessoa", disse ele ao *USA Today*.

L.A. Reid nem precisou ser convencido do potencial de sucesso da música, e ela virou single. O clipe de "Disturbia" foi o único, além de "Don't Stop the Music", que Rihanna ajudou a dirigir. O visual combinava com a letra, que falava de uma garota que tinha descoberto seu lado obscuro.

De acordo com um amigo de Rihanna, o clipe foi baseado no filme *Vamp — a noite dos vampiros*, estrelado por seu ídolo, Grace Jones, no qual um jovem luta para escapar das garras de um grupo de vampiros que o mantém preso numa galeria subterrânea de esgoto depois que uma vampira do mesmo grupo mata o melhor amigo do rapaz durante o sexo. "Robyn é uma grande fã do trabalho de Grace, e acredito que o filme foi o que inspirou "Disturbia". Ela gostou da ideia de que, embora os caras tivessem que escapar dos vampiros, eles os temiam e desejavam ao mesmo tempo. Esse era o lado obscuro e meio pervertido."

Pervertido até demais para alguns espectadores. Blogueiros em fúria ameaçaram boicotar o vídeo — que mostra Rihanna se contorcendo e amarrada numa câmara de gás surrealista —, dizendo que não era adequado para crianças. Outros acharam que a presença da câmara de gás era ofensiva aos judeus. "Eu não me importaria se ela fosse uma artista voltada para o público adulto", disse uma pessoa enfurecida. "Mas ela sempre trabalhou para o público infantil até agora, e tem muitos fãs jovens. Como explicarei isso para meu filho de 7 anos de idade?"

O amigo de Rihanna conta a versão dela da história: "Não se pode fazer nada criativo na vida sem que alguém se ofenda. É o que estava na cabeça de Rihanna, e ela não se arrepende de nada."

Mesmo enfurecendo algumas pessoas, a música acabou sendo a maior estreia de Rihanna na parada Hot 100 da *Billboard*, indo direto para o 18º lugar. Depois ela chegou ao quarto lugar, tornando-se uma entre apenas sete artistas do sexo feminino a ter suas músicas entre as cinco mais tocadas, junto com "Take a Bow" No Reino Unido, onde chegou às lojas no dia 22 de julho, a música conseguiu o terceiro lugar, apesar de ter sido lançada apenas em versão para download.

Após o lançamento de "Disturbia", Rihanna queria provar que era tão generosa quanto polêmica ao emprestar sua voz para o single beneficente "Just Stand Up". A música, uma parceria entre Beyoncé, Mariah Carey, Fergie, Ciara, Leona Lewis e várias outras celebridades, teve sua renda revertida em prol da luta contra o câncer.

Rihanna também trabalhou com T.I., o cantor norte-americano famoso por "My Love", música que lançou em 2006, em parceria com Justin Timberlake. O clipe de "Live Your Life", dedicado por T.I. aos soldados que lutavam no Iraque, mostra o cantor ensanguentado e com hematomas, libertando-se de um contrato para gravar suas músicas. Ele decolou nas paradas, chegando ao segundo lugar das músicas mais baixadas.

Mas o single mais famoso de Rihanna naquele ano foi "Rehab", o dueto com Justin Timberlake. Ele prometia ser eletrizante desde o começo, quando ela apresentou a música no American Music Awards em 23 de novembro. Usando um tapa-olho e luvas de couro que iam até o cotovelo, ela parecia uma mistura de pirata com sadomasoquista.

O clipe é igualmente hipnotizante: vestido dos pés a cabeça com couro, apesar do calor, Justin entra em cena de modo triunfal numa moto e depois Rihanna, que o esperava no deserto californiano, canta para ele. Evocando o tema do amor viciante de um casal inseparável, os dois se olham com desejo enquanto ela se contorce no capô de um carro.

O PopSugar elogiou o clipe por ser "incrivelmente sexy", enquanto a MTV alegou que ele "redefine a expressão 'calor do deserto'". Obviamente disseram que a namorada de Justin, Jessica Biel, não tinha ficado nem um pouco feliz com a química natural que havia entre eles. Uma fonte disse à revista *Star*: "Todos babavam com a forte química existente entre Rihanna e Justin. Não é o tipo de notícia que uma garota que espera ser pedida em casamento quer ouvir, e ela ficou furiosa... Com muita raiva mesmo."

Chris Brown manteve a boca fechada e não deu opinião sobre o clipe, mas estava claro que o relacionamento dele com Rihanna estava melhor do que nunca. Ele acabara de fazer uma turnê como atração secundária pela Austrália, pela Nova Zelândia e pelas Filipinas com ela quando o clipe foi lançado, e ela fora vista usando um anel de diamantes no dedo em que se usa a aliança de casamento. Além disso, os dois foram a um estúdio de tatuagens na Austrália para fazer tatuagens idênticas, dessa vez no estilo tribal de Grace Jones.

Aparentemente, toda a turnê da Oceania fora organizada para que eles se apresentassem juntos por não suportarem ficar longe um do outro.

Naquele ano, Rihanna falou em namorar outros homens, mas parecia ser um jeito de disfarçar e desviar a atenção do relacionamento cada vez mais intenso com Chris. Ele ficou igualmente impassível quando perguntado sobre o romance, insistindo mais uma vez: "Sou solteiro. Saio com o máximo de garotas que posso!"

Enquanto os críticos tentavam interpretar as negativas de ambos, "Rehab" subia nas paradas, chegando ao 19º lugar nos Estados Unidos e ao 16º no Reino Unido.

O single também estourou na Europa, ficando em terceiro lugar na Holanda e em quarto na Noruega e na Alemanha. Além isso, foi escolhida pela estrela de reality shows Kim Kardashian como a melhor música sobre o fim de um relacionamento.

Onde quer que Rihanna fosse as pessoas cantarolavam o refrão da música que a fez conhecida no mundo inteiro tanto pela voz quanto pela sensualidade. Deveria ser um dos momentos de maior orgulho de sua vida, mas mal sabia ela que nos meses seguintes a história da letra se misturaria com a vida real, e ela passaria por sua própria clínica de reabilitação amorosa.

Capítulo 6

SOLDADO DO AMOR

O sangue escorre da boca de uma jovem que está sentada no banco de um carro, caída e lutando para manter a consciência. Hematomas, marcas de mordidas e rastros de lágrimas cobrem seu rosto. Essa mulher foi agarrada pelo pescoço, espancada e, em seguida, estrangulada até apagar por alguns instantes. Finalmente, foi abandonada na estrada.

Parecia o tipo de história triste que os Estados Unidos já tinham ouvido milhares de vezes, com uma grande diferença: a vítima estava usando um vestido Gucci de US$11 mil. Além disso, a cena do crime era um Lamborghini de US$150 mil.

Mas obviamente tal violência era exclusiva de viciados em drogas oriundos de famílias menos favorecidas, era o que muitos argumentavam nos Estados Unidos. Não podia, portanto, acontecer ao casal de celebridades mais glamouroso do R&B desde Beyoncé e Jay-Z. Não mesmo? Pois aconteceu.

Tanto Rihanna quanto Chris tiveram origem semelhante. Enquanto o pai de Rihanna quebrara o nariz da mãe num acesso de raiva, a mãe de Chris também apanhara tanto do namorado a ponto de seu nariz começar a sangrar. Além disso, o pai biológico dele, um agente penitenciário que trabalhava numa violenta prisão estadual, tinha uma ideia rígida de disciplina.

"Na maior parte do tempo, minha mãe e meu pai biológico cuidaram bem de mim", disse ele à CNN. "Mas havia momentos em que eu tinha medo de dormir." Obviamente, ele e Rihanna conheciam a violência doméstica e uma vida infeliz em casa. Na verdade, quando criança Chris ficava tão apavorado com a violência crescente em casa que às vezes perdia o controle da bexiga.

No *Tyra Banks Show* em 2007, durante uma conversa emocionada com a supermodelo, Chris confidenciou que a violência o angustiara tanto que tinha decidido nunca mais ver uma mulher sofrer de novo. Ele declarou: "A violência doméstica me afetou, especialmente a praticada contra as mulheres. Eu as trato de modo diferente porque não quero que elas passem pelo mesmo sofrimento, nem quero fazer uma mulher passar pelo que aquela pessoa fez a minha mãe passar." Mas, no dia 7 de fevereiro de 2009, ele quebrou a promessa.

Rihanna fora indicada ao Grammy daquele ano e estava na expectativa de uma vitória. Ela também estava empolgada com a ideia de conhecer o vocalista do U2, Bono, de quem sua família era grande fã, pois eles planejavam combinar um dueto juntos. Uma fonte alegou: "Eles vão conversar e marcar uma data formalmente para entrar em estúdio e ver o que sai. Seria interessante para o Bono atingir um público mais jovem através da Rihanna, e todos acham que eles formariam uma ótima dupla."

Parecia que as oportunidades profissionais aumentavam cada vez mais para Rihanna, e foi com um sorriso natural que ela cumprimentou os paparazzi numa festa pré-Grammy na véspera do grande evento. Ela e Chris esperavam ser as estrelas do show, embora permanecessem de boca fechada quanto ao relacionamento que mantinham. Talvez eles quisessem evitar que a relação fosse analisada publicamente por achar que sua privacidade era sagrada. Por outro lado, pode ser que os dois acreditassem que era bom para a carreira serem vistos como jovens livres e solteiros, aumentando o apelo junto ao público jovem, que fantasiava sobre estar com eles. Eles viviam um relacionamento intenso e exclusivo, mas agora parecia que Chris estava cumprindo a promessa que tinha feito à mídia de viver como um homem solteiro.

Repórteres alegavam que Rihanna o vira flertando com a cantora britânica Leona Lewis, cujo sucesso "Bleeding Love" ameaçava o posto de Rihanna nas paradas, impedindo-a de chegar ao primeiro lugar. Dizer que as duas eram concorrentes no mercado era pouco.

Porém, de acordo com uma testemunha ocular, Rihanna corria o risco de perder mais do que o primeiro lugar das paradas. "Ele e Leona estavam rindo, e Rihanna viu a mão do Chris nas costas dela", disse uma fonte ao *Sun*. "Foi totalmente inocente, mas isso incomodou Rihanna."

Quando os dois voltaram ao Lamborghini alugado por Chris, uma mensagem de texto no celular dele foi a gota d'água. A mensagem de três páginas, considerada altamente explícita, era de uma mulher perguntando se poderia se encontrar com Chris mais tarde. E vinha de uma pessoa com quem ele já tivera envolvimento sexual. Independente de quem fosse a mulher, Rihanna ficou furiosa, e, a partir desse momento, a noite virou um caos.

Ela disse posteriormente ao *Good Morning America*: "Eu o peguei mentindo, e ele não queria me dizer a verdade. E eu também não queria deixar por isso mesmo. Não conseguia aceitar que ele continuasse mentindo para mim, e ele não podia aceitar que eu não deixasse aquilo passar. Ele estava acuado. A verdade estava ali numa mensagem de texto — e ela não era bonita." A mensagem, na verdade, foi o estopim de uma discussão acalorada que rapidamente descambou para a violência.

De acordo com os documentos do processo, um furioso Chris tentou jogar Rihanna para fora do carro, mas o cinto de segurança a protegeu. Testemunhas ouviram Rihanna gritar e chorar histericamente porque "tentava se fazer entender". Em seguida, Chris começou a bater a cabeça de Rihanna na janela do carona, e, quando ela se virou para encará-lo, levou vários socos. Ele continuou a bater enquanto dirigia, até tirar sangue da boca e do rosto dela, manchando o vestido e o estofamento do carro. De acordo com Rihanna, ela "se defendeu com os pés". Depois de muita luta, ela conseguiu pegar o telefone no bolso e deixar uma mensagem de voz para sua assistente, avisando: "Estou indo para casa. Chame a polícia e faça com eles estejam lá quando eu chegar."

Isso irritou ainda mais Chris, que disse: "Você fez a coisa mais idiota do mundo! Agora eu realmente vou te matar. Vou te encher de porrada quando a gente chegar em casa. Você vai ver!"

A batalha recomeçou, deixando Rihanna com marcas de mordidas na orelha, nos braços e nos dedos. Toda vez que ela levantava os braços para se defender, ele a mordia enquanto a espancava e estrangulava, chegando a aplicar-lhe uma "gravata". Quando a agressão terminou, Chris a abandonou no carro e fugiu.

De fora eles pareciam ser o casal de celebridades perfeito: bem-sucedidos na área musical, independentes em termos financeiros, com um belo relacionamento e cercados de fãs que os adoravam.

Mesmo com todos esses privilégios, não havia nada a ser invejado naquela noite. O carro de luxo que os transportava agora tinha se transformado em uma cena de crime repleta de manchas de sangue, deixando de ser o acessório estiloso ideal para uma noitada de celebridades.

Abandonada no acostamento, Rihanna agora enfrentava uma humilhante caminhada rumo à segurança. "Fui espancada. Eu estava sangrando", disse ela ao programa jornalístico *20/20*. "Meu rosto estava inchado, e não havia outra forma de voltar para casa a não ser saindo do carro e andando, com o vestido de gala e o rosto sangrando. Eu realmente não tinha ideia do que fazer naquela situação."

A mulher que já se considerara uma compradora compulsiva agora estava numa situação muito perigosa. Seus olhos estavam tão inchados que ela mal podia enxergar, e ela estava prestes a perder a consciência. Para completar, Rihanna usava joias no valor de US$1 milhão.

Sabendo que seria denunciado, Chris procurou a delegacia mais próxima para se entregar. Enquanto isso, felizmente para Rihanna, uma pessoa a encontrou e chamou a polícia.

Uma pessoa que esperava para ser atendida no Hospital Cedars Sinai disse à imprensa que tinha visto a cantora chegar no início da manhã. "Rihanna foi trazida pela entrada lateral, de maca e cercada por dois policiais", relembrou ele. "A princípio foi impossível saber que era ela, porque, quando passou de maca a meu lado, o capuz da blusa de moletom que ela usava estava bem fechado, e grandes óculos escuros marrons também cobriram o rosto dela. Rihanna estava obviamente abalada com o que acontecera, e eu a ouvi gritando."

Se ela esperava ter privacidade, ficaria muito decepcionada. O enfermeiro até deve ter fechado as cortinas, e Rihanna não deve ter tirado os óculos escuros para se esconder, mas no dia seguinte o nome dela estava em todos os jornais. Não havia como escapar.

"Parecia que eu tinha ido dormir como Rihanna e acordado como Britney Spears", lembrou ela à *Glamour*. "Esse foi o nível de caos que aconteceu na mídia no dia seguinte. Eu fiquei: 'Espera aí, tem helicópteros sobrevoando minha casa? Cem pessoas estão paradas em minha rua? Como assim não posso voltar para casa?'"

Tanto ela quanto Chris cancelaram as aparições no Grammy, levando os organizadores a contratarem Justin Timberlake e Al Green para substituí-los de última hora. Rihanna teve de dizer adeus à reunião com Bono e a mais um ano de triunfo no Grammy. Na verdade, suas "horríveis" lesões faciais foram tão graves que ela foi obrigada a cancelar todas as aparições públicas. Agora era o momento de se ausentar até que a dor, tanto física quanto emocional, passasse.

O escândalo também arrasou a carreira de Chris, que perdeu vários patrocínios lucrativos, entre eles o da marca de chicletes Wrigley's. Além disso, ele foi obrigado a ceder à pressão de um abaixo-assinado on-line para renunciar à indicação ao prêmio infantil Kids' Choice Awards. Estações de rádio voltadas para a família tiraram as músicas dele da programação e não queriam ter qualquer ligação com ele. Tanto empresas como indivíduos deixaram bem claro que não apoiavam seus atos, uma decisão que, segundo os especialistas da indústria musical, custaria milhões de dólares a ele.

Mas perder dinheiro a curto prazo era apenas uma pequena parte do problema, considerando que ele perdeu o respeito de Rihanna, seu primeiro amor, e dos próprios fãs cujo apoio o fizera chegar ao topo das paradas. Sua imagem, anteriormente ligada às crianças, que o fez até cantar uma música com o personagem Elmo da *Vila Sésamo*, ficou destruída: ele passou de herói a vilão em apenas 24 horas. Seria esse o fim da carreira de Chris Brown?

Enquanto isso, Rihanna usou o tempo que passou sozinha para se concentrar em suas obras de caridade. Apenas dois dias após a agressão, os jornais publicaram detalhes de sua busca por um doador de medula óssea para uma criança de 5 anos de idade que estava muito doente. Rihanna disse: "Ela precisa de um transplante de medula para viver. Quando assisti a um vídeo da Jasmina, fiquei de coração partido. É muito injusto que pacientes negros tenham muito mais dificuldade para encontrar doadores de medula compatíveis."

A campanha deu certo, como Rihanna explicou depois à revista *Glamour*: "Meu empresário me mandou um vídeo que uma garotinha tinha feito para sua melhor amiga. Nele, as duas brincavam, e Isabelle dizia para a câmera: 'Esta é minha amiga Jasmina, e veja como você pode ajudá-la: passe um cotonete na boca para colher DNA e coloque num envelope.' As duas eram adotadas e muito unidas, inseparáveis mesmo. O vídeo fazia você se apaixonar pelas duas. Pensei: 'Tenho de ajudá-la.' Então fiz uma série de eventos de conscientização. Justamente quando achamos que não seria mais possível encontrar um doador, nós encontramos."

O contraste entre os dois não poderia ser maior: enquanto Chris estava sendo considerado justamente um mau exemplo para as crianças, Rihanna se ocupava salvando a vida delas. Além do mais, ela tinha o apoio do público: enquanto as vendas dos álbuns de Chris estagnaram, as de Rihanna aumentaram drasticamente.

Até o estuprador condenado e boxeador Mike Tyson condenou a agressão, dizendo à MTV: "Ele é só uma criança. Não sabe como lidar com suas emoções quando se trata de mulheres."

A situação não estava boa para Chris, mas será que uma parte de Rihanna sentia pena dele, por mais que ela odiasse admitir isso? Apesar de tudo o que tinha acontecido, ela ainda tinha uma longa luta pela frente. Antes da agressão, eles eram amigos e namorados. Era melhor perdoar e aceitá-lo de volta ou se afastar de vez?

Inicialmente ele não mostrou remorso, e até postou um aviso no Facebook: "Vocês vão começar a ver quem ela é de verdade. Acreditem!" Porém, ele logo tentou retomar o contato, implorando perdão. E embora Rihanna tenha recebido uma chuva de apoio de parentes, amigos e fãs, ela também enfrentou a oposição de quem acreditava que ela era a culpada.

Algumas fãs adolescentes de Chris negaram imediatamente que seu tão amado ídolo pudesse ser capaz de cometer tal violência. Outras publicaram mensagens agressivas na internet sobre Rihanna, insistindo que Chris recorrera à agressão física porque ela o provocara. Ao contrário de como acontece com uma vítima comum de violência doméstica, Rihanna viveu sua dor tão publicamente que precisou enfrentar a pressão não só do ex-namorado como também de gente que ela nunca tinha visto na vida. Além de tentar superar, ela constantemente tinha de se defender das fãs fervorosas de Chris Brown, que pareciam apoiá-lo incondicionalmente.

Uma pesquisa feita com duzentos adolescentes de Boston revelou que apenas 2% culpavam Chris, enquanto 46% consideravam Rihanna responsável pela agressão. Outros 52% culpavam os dois. No Facebook, as meninas disseram achar que Rihanna ou os tabloides tinham exagerado ou inventado tudo. "Ela provavelmente bateu com a cara numa porta e ficou envergonhada, por isso culpou o Chris", escreveu uma delas.

Mimi Valdes Ryan, ex-editora da revista de entretenimento *Vibe*, alegou que a hostilidade das jovens vinha do ciúme que sentiam de Rihanna. "Elas têm pôsteres dele na parede do quarto, Chris é o último rosto visto por elas antes de dormirem", comentou. "Elas pensam: 'Por que ele está com ela e não comigo?'"

A família de Chris também culpou Rihanna pela agressão, dizendo que ela tinha atacado primeiro. O padrasto dele, Welford Hart, disse ao *New York Post*: "Quando você tira os sapatos e os usa para bater em alguém, isso vai doer. Ele reagiu e tentou fazer com que ela parasse de agredi-lo, mas ela continuou gritando." Rihanna manteve sua versão de que não o agredira primeiro e apenas o chutara para se defender.

Até os amigos de Rihanna na indústria da música pareciam relutantes em ficar ao lado dela. Embora tivesse uma boa amizade e um bom relacionamento profissional com Ne-Yo, ele também fez turnê com Chris, e os dois eram amigos. Ele disse à MTV: "Ainda não tive oportunidade de falar com o Chris. Só quero sentar e conversar com o cara. Ele ainda é meu parceiro, e, no fim das contas, não vou escolher um lado nessa história."

Enquanto isso, Kanye West, que descrevera Rihanna como sua "irmã mais nova" por quem ele faria "tudo", também minimizou a violência de Chris e implorou no VH1: "Será que não podemos dar um tempo ao Chris? Eu também cometi erros na vida, sei como é."

Para Tricia Rose, autora de *The Hip-Hop Wars* [Guerras do hip-hop], a aparente falta de lealdade era previsível, ainda que decepcionante, e fazia parte da cultura machista do meio. "Esse é o ar que o hip-hop respira", alegou ela. "A valorização de um estereótipo de masculinidade agressiva, física e geralmente misógina, que costuma justificar a resolução de conflitos por meio da violência. A cultura em si não pode ser responsabilizada por isso, mas não pode ser ignorada."

O pai de Rihanna, que fez da vida da esposa um inferno com agressões físicas, foi outro que não pareceu disposto a pressionar a filha a deixar o agressor. Na verdade, ele também testemunhara violência doméstica quando criança e talvez tenha começado a aceitá-la como algo normal. "Nunca houve qualquer dúvida de que Rihanna realmente amasse o Chris", disse ele ao *Mirror*. "Eles eram os melhores amigos um do outro e faziam tudo juntos. Cada um tem sua opinião, mas seja qual for o caminho escolhido pela minha filha, apoiarei 100%. Não cabe a mim decidir o que ela fará, mas vou apoiá-la em tudo."

Ele acrescentou: "Ela sempre foi muito teimosa. Quando coloca uma coisa na cabeça, ninguém tira, então não é minha função tentar fazê-la mudar de ideia. Eu sei que ela só ouve a si própria e ao coração, e acaba tomando a decisão certa."

Na verdade, Rihanna estava prestes a tomar uma decisão que, aos olhos de muitas pessoas, era muito errada. Chris parecia tê-la reconquistado com apenas um pedido de desculpas e um novo iPod Touch de presente de aniversário. "Eu estava com raiva, [mas] fiquei vulnerável e comecei a sentir saudade [dele]", contou ela ao *News of the World*.

De acordo com psicólogos, esse era um sintoma clássico de uma mulher agredida, que fica com a autoestima tão baixa a ponto de buscar conforto na mesma pessoa que fez com que ela precisasse ser confortada.

Enquanto apareceriam fontes para dizer que eles ainda se amavam e queriam que a relação desse certo, jornais especulavam que o casal fizera uma viagem ao México, atravessando a fronteira para ficarem juntos como criminosos profissionais, conforme retratado no dueto entre Jay-Z e Beyoncé, "Bonnie and Clyde".

Mas Rihanna passou as férias no México sozinha, e interrompeu a viagem para ter uma conversa ao vivo com Chris em território neutro, porém particular: uma casa que pertencera ao astro do R&B P. Diddy.

Apenas três semanas após o incidente, eles fizeram as pazes e foram passar um fim de semana em Miami. "Foi uma história meio Romeu e Julieta, em que os dois lados não queriam que a gente se encontrasse, então por isso a gente fugiu", relembrou Chris à CNN.

Eles passaram o fim de semana andando de jet ski e fazendo refeições românticas. Embora Chris tenha visto o reencontro como a continuação de uma incrível história de amor, Rihanna pensava diferente. Ela pode tê-lo perdoado por fora, mas no fundo tinha muita raiva reprimida.

"Eu o odiava muito e sempre banquei a durona, fazendo cara de 'Posso lidar com isso', tentando disfarçar", contou ela ao *20/20*. "Mas ele sabia. Ele ficava me perguntando: 'Você me odeia, né? Você me odeia', e eu mentia, dizendo que não."

Mas a pressão sobre ela aumentava cada vez mais. "Tudo nele me irritava, o fato de estar por perto, de falar comigo. Até que finalmente eu disse: 'Não dá. Não consigo mais continuar com isso.'"

Poucos dias depois, em 5 de março, Chris foi formalmente acusado de agressão e ameaça, e foi solto após pagar fiança de US$50 mil. Rihanna não gostou de saber que ele planejava se declarar inocente e, ao ler as notícias publicadas sobre ela nos jornais, começou a se sentir uma idiota.

Uma dessas reportagens, feita pelo *Sunday Mirror*, avisou: "Brown foi preso, mas as acusações se basearam em evidências em vez de considerarem o testemunho de Rihanna, que se recusou a cooperar com a polícia. Infelizmente, essa é uma história bem conhecida. Mesmo se você tiver rios de dinheiro, uma carreira brilhante e uma personalidade forte, ainda pode ser reduzida a uma massa patética e destruída por um parceiro violento. Você apenas aprende a disfarçar os estragos."

A reportagem continuou: "Pense na oportunidade que Rihanna perdeu de encarcerar o desgraçado que bateu nela e mandar uma mensagem às jovens para que nunca deixassem que isso lhes acontecesse. Em vez disso, ela aceitou o agressor de volta em sua vida. Infelizmente, a pobre Rihanna não só perdeu a batalha, como também o respeito de todas as suas jovens fãs."

Realmente, quando o público descobriu que ela dera uma segunda chance a Chris, a página de Rihanna no Facebook foi inundada de comentários de mulheres furiosas, alegando que ela estava dando um péssimo exemplo. "Que vergonha, Rihanna!", dizia uma delas. "Ele fará isso de novo, e será pior", avisou outra.

Na verdade, Rihanna já sabia disso por experiência própria. Ela admitiu aos policiais que essa não tinha sido a primeira e sim a terceira agressão sofrida nas mãos dele. Começou em pequena escala, com uma discussão durante uma turnê na Europa em que ela bateu nele e ele revidou, jogando-a na parede. Ninguém saiu ferido na ocasião. A segunda briga foi sobre um Range Rover, cujos vidros frontais e laterais foram quebrados por ele num acesso de raiva.

Mesmo assim, Chris ainda estava desesperado para provar que tinha mudado, a fim de reconquistar o coração de Rihanna. Até a empresária dele, Tina Davis, entrou em cena para defender a violência "atípica". "Foi horrível. Eu o conheço há muito tempo, e ele jamais tinha feito algo com potencial de violência, nem de longe", ela insistiu. "Ele estava chorando e me disse: 'Tina, eu estraguei tudo. Não sei o que aconteceu!'"

Na cabeça de Tina não havia dúvidas de que Chris estava arrependido. Mas a verdadeira pergunta era: ele genuinamente se arrependia de ter agredido Rihanna ou estava chorando porque sabia ter cometido um erro que acabaria com sua carreira? Ele estava com pena dela ou de si mesmo?

O *Mirror* foi cínico quanto aos motivos dele, sugerindo: "O perdão de Rihanna seria obviamente bom para os negócios." Logo foi alegado que sua equipe de empresários propusera um acordo chamado "Projeto mea-culpa", a partir do qual Rihanna receberia uma indenização de US$ 10 milhões se Chris encostasse a mão nela novamente. Era um exercício de controle de danos, com o objetivo de aumentar as chances dele tanto no tribunal quanto na tentativa de salvar a carreira. O acordo supostamente incluía uma cláusula que dizia que os dois apareceriam juntos em programas de entrevistas norte-americanos para falar da recuperação de Chris e de suas sessões de terapia para controle da raiva. Isso daria a ele oportunidade de mostrar ao público que mudara e que Rihanna o perdoara — algo fundamental para a reconstrução de sua imagem pública maculada —, e também seria uma forma de publicidade para os dois.

Se Chris queria mesmo uma chance de consertar a situação com a mulher que amava, esse poderia ser um ponto de partida. Contudo, o *Daily Mail* publicou: "Esta poderia ser uma oferta tentadora não fosse pela suspeita nauseante de que se Brown não perdesse US$10 milhões, provavelmente faria muito mais do que encostar a mão em alguém."

Rihanna ficou igualmente desconfiada. As acusações de que representava um mau exemplo para as vítimas de violência doméstica entre seus fãs também não lhe escaparam. Por ser uma figura pública, ela sentia que não era apenas a própria vida que estava em risco, mas a vida de todos que poderiam seguir o exemplo dela, escolhendo manter um relacionamento com homens violentos. Mesmo se Chris se arrependesse e nunca mais encostasse um dedo nela, outras pessoas que foram repetidamente agredidas por namorados que não se arrependeram poderiam não ter tanta sorte se fizessem o mesmo que Rihanna.

Foi uma batalha de vontades entre o que restara de lealdade a Chris e a culpa que ela sentia diante da perspectiva de denunciá-lo — principalmente se ele fosse preso — e da necessidade de dizer a verdade e ser um modelo de comportamento para os fãs. Sem o testemunho dela ou uma confissão de culpa de Chris, ele sairia impune. O destino dele estava nas mãos de Rihanna, não dos promotores — e isso foi o mais difícil.

Os olhares de todo o mundo estavam sobre ela, torcendo pela decisão certa. A especulação terminou quando o advogado de Rihanna, Donald Etra, revelou que ela estava preparada para testemunhar contra o ex. "Ela está planejando fazer tudo que a lei manda", disse ele à *US Weekly*. "Se o testemunho for exigido, assim ela o fará."

Rihanna depois explicou sua decisão — tanto a de testemunhar quanto a de acabar de vez com o relacionamento — dizendo ser leal aos fãs. "Quando percebi que minha decisão egoísta, motivada por amor, poderia resultar na morte de alguma jovem, eu não pude deixar isso passar. Não pude voltar atrás", disse ela ao *20/20*. "Mesmo se o Chris nunca mais me bater, quem garante que o namorado dessa jovem também não vai? Quem garante que eles não matarão essas garotas? Estamos falando de jovens, e eu simplesmente não tinha me dado conta do tamanho do impacto que tenho na vida dessas garotas até acontecer isso."

Chris a desmentiu diretamente, alegando que eles poderiam dar um exemplo mais construtivo ficando juntos depois que ele mudasse. "Nós poderíamos ter feito ainda melhor, dizendo: 'Olha, nós dois procuraremos terapia e mostraremos que a violência doméstica é errada'", disse ele ao *Times*. "Voltar para mim não significa que nessas situações a garota deva retomar o relacionamento, mesmo que o cara possa acabar matando essa garota. Embora eu entenda o ponto de vista dela, não concordo. Acho que foi uma declaração muito drástica."

Mas Rihanna não acreditou que ele pudesse mudar nem quis pagar para ver. Num artigo especial sobre os motivos por trás da violência doméstica, a revista *Psychology Today* explicou: "Um agressor é morbidamente inseguro. Tem pouca noção do próprio valor social e se esforça para conquistar ou reconquistar esse valor por meio de dominação e controle. O medo que alimenta essa insegurança tem duas frentes: medo de não ser digno de amor e medo de parecer fraco. O paradoxo aqui é que o agressor é, na verdade, fraco, e por isso ele agride: para manter antes de tudo uma sensação de controle."

Essas características eram exatamente o que Rihanna vira em Chris. Ela disse à revista *W*: "Quando as pessoas são inseguras, tornam-se muito controladoras, podendo ser agressivas e, por sua vez, violentas. Não precisa ser violência física. Por exemplo, elas podem dizer coisas ruins de modo a fazer você se sentir inferior para poderem controlar a relação. Isso tem um peso muito grande em suas emoções e no cotidiano."

Por todos esses motivos, Rihanna achou que a melhor opção seria terminar o relacionamento. Ela se mudou da mansão de Chris em Los Angeles e procurou um novo lugar para morar, ao custo de US$5 milhões. Enquanto percorria a região de

Hollywood Hills em busca de um novo lar, ela também visitou o estúdio de tatuagem Bang Bang para desenhar uma arma em sua pele. Era sua mensagem oficial ao mundo: Rihanna não era mais uma vítima, e sim uma lutadora.

Mas o que veio em seguida quase acabou com a energia de Rihanna para lutar. Um dia, ela acordou, e viu a fotografia de seu rosto ensanguentado e cheio de hematomas estampada no site de celebridades TMZ. Em poucas horas, a imagem circulou por todas as principais mídias, e pareceu que todos tinham visto Rihanna em seu pior momento. Não ouve nem oportunidade de negar: a mulher da foto tinha uma tatuagem visível de números romanos no pescoço que a identificava claramente. Para Rihanna, isso era bem pior do que uma foto de delegacia, era uma lembrança indesejável de sua dor.

"Foi humilhante", disse ela à *Glamour*. "Não era uma foto que você mostraria a alguém. Senti que se aproveitaram totalmente de mim. Senti que as pessoas debochavam disso na internet, e trata-se da minha vida."

Para piorar ainda mais a situação, a foto supostamente fora divulgada por quem Rihanna deveria confiar acima de tudo: a polícia. "Por lei, era um caso confidencial", disse ela ao *Observer*. "Então, quando virou uma questão de receber um cheque e desrespeitar totalmente a privacidade de alguém, foi decepcionante. Eu esperava isso do TMZ, mas se a polícia não consegue te proteger, então você não está seguro. Me senti completamente exposta, e fiquei muito decepcionada, especialmente quando descobri que foram [divulgadas por] duas mulheres."

O pai de Rihanna, que nessa época estava afastado dela há mais de um ano, aprovou a divulgação da foto, apesar da dor que causou, por ser uma forma de conscientizar as pessoas. "É bom e ruim ver a foto, porque algumas pessoas achavam [que os ferimentos] não tinham sido graves, que só se tratava de uma pequena agressão".

Quando um grupo em prol dos direitos das celebridades, STOParazzi, soube do vazamento, fez campanha para uma lei ser aprovada em homenagem a ela, chamada Lei de Rihanna. Ela reprimiria a divulgação de fotografias que pudessem causar transtornos a vítimas de crimes, especialmente por órgãos de manutenção da ordem pública. Segundo a lei norte-americana da época, vazar fotografias de natureza confidencial não era passível de punição, desde que não houvesse dinheiro envolvido. O STOParazzi argumentou que, independentemente de as imagens terem sido compradas, a distribuição de fotografias de crimes deveria ser totalmente proibida.

Mesmo agradecendo o apoio, Rihanna ficou tão envergonhada que se afastou totalmente, não só dos olhares curiosos das agências de notícias, de cuja cobertura ela geralmente gostava, como também dos amigos. "É como se eles fossem próximos demais de você", disse ela ao *20/20*. "Ao falar sobre algo tão doloroso, eles ficavam muito emotivos, e isso não me ajudava porque eu já me sentia assim e queria justamente deixar de me sentir assim. Eu pensava: 'Se vou dizer algo e você vai ficar com pena de mim, então não vou falar com você.'"

Alguns dos amigos de Rihanna se derramavam em lágrimas quando ela tentava falar sobre o assunto, enquanto ela preferia uma abordagem mais resignada. "Eu fico muito na defensiva", disse ela à *Rolling Stone*. "Não queria que ninguém me visse chorando. Não queria que se sentissem mal por mim. Foi um momento muito vulnerável da minha vida, e eu me recusei a deixar que essa fosse minha imagem. Eu queria que me vissem dizendo: 'Estou bem, sou forte.' Então fingi até isso ser verdade."

Enquanto isso, ela se sentia mais à vontade com sua nova amiga famosa, Katy Perry. As duas eram totalmente diferentes: Katy via Lolita como um ícone fashion e se vestia como uma adolescente, com muitos tons de rosa pastel, estampa de coraçõezinhos e algodão-doce em seus shows. Rihanna, em contrapartida, jamais seria vista usando algo muito "menininha" e se achava muito madura para sua idade. Na verdade, embora Rihanna fosse quatro anos mais nova que Katy, ela interpretava a imagem da garota mais velha e forte: descolada, calma e sempre no controle da situação.

Essa amizade parecia ainda mais absurda considerando a recepção gélida que Rihanna deu ao namorado de Katy, o comediante inglês Russell Brand, quando o conheceu. "Ele me entrevistou na TV", lembrou ela à revista *Cleo*. "Eu estava doente, e foi a pior entrevista que já dei. Eu estava vomitando num balde, e um médico me deu uma injeção na bunda. Eu não achava graça de nada. Acho que foi a entrevista mais imbecil que dei na minha vida. [Eu pensava,] 'Por que estou falando com esse idiota?. Aí o enjoo voltava."

Apesar do péssimo começo com Russell, Rihanna se deu bem com Katy de primeira, além de gostar da atitude tranquila da nova amiga quanto à turbulência em sua vida pessoal. Não havia lágrimas nem dramas com Katy, apenas a boa e velha diversão.

"Não acho que eu tenha estendido a mão para ela", disse Katy à MTV em resposta a relatos de que a dupla era inseparável e que ela aconselhava Rihanna nesse momento difícil. "Claro que eu a considero uma amiga, mas não fico dizendo 'estou aqui' e fazendo drama porque não me sinto muito confortável com esse tipo de coisa. [Mas] Sempre tento ajudar meus amigos." Ela acrescentou: "Nós duas estamos nessa montanha-russa maluca [da fama], e é ótimo ter boas amizades. Eu me orgulho de ter garotas legais em minha vida, e Rihanna é uma delas."

Katy até se juntou à Rihanna numa viagem a Barbados para ver a família e esquecer um pouco Chris. Evan Rogers, o produtor que descobriu Rihanna, também tentou ser sutil e não dizer o quanto estava preocupado com o bem-estar dela, uma experiência que ele descreveu como "observar de perto". "Houve momentos em que tive dúvida se ela conseguiria enfrentar aquilo tudo, e eu pensava: 'Será que ela vai ter um colapso?'", revelou ele à revista *W*. "Eu e minha esposa éramos pais substitutos para ela. Temos de aprender a deixar para lá, mas definitivamente houve momentos em que queríamos voltar à época em que tudo era mais simples."

Isso demoraria bastante. O resultado daquela briga foi tão doloroso quanto caro. A polícia apreendeu vários itens para serem usados como prova. Rihanna implorava pela devolução dos brincos e anéis de diamante de US$1 milhão que ela alugara, enquanto o carro alugado por Chris fora guardado sob custódia, ao custo de US$2 mil por dia. Os hematomas desapareceriam e o dinheiro seria recuperado, especialmente se tratando de um casal milionário cuja renda somada era de tirar o fôlego, mas a dor emocional continuaria sendo um problema. "A dor física passa", confirmou Rihanna à *GQ*, "mas a dor emocional fica".

Enquanto isso, Chris se armou com o melhor advogado de celebridades do mercado, Mark Geragos, que defendera com sucesso seu ídolo Michael Jackson da acusação de molestar crianças e também a atriz Winona Ryder quando foi acusada de roubar uma loja. Com um advogado desse calibre e com esse histórico, Chris e sua equipe de empresários ficaram confiantes quanto ao resultado. Rihanna, por sua vez, apenas contava as horas para o fim do julgamento.

Sua primeira apresentação desde a agressão estava marcada para o dia 5 de maio, num show a ser realizado no hotel sete estrelas

Emirates Palace, em Abu Dhabi. A apresentação foi cancelada na última hora devido ao "momento inadequado", embora Rihanna tenha feito uma aparição pública no dia seguinte em Londres para fazer um dueto com Kanye West. Talvez ela simplesmente não quisesse fazer um show no dia do aniversário de Chris. Para o dueto, ela se vestiu de mulher poderosa, num smoking Dolce & Gabbana com ombreiras chocantes ao estilo Grace Jones, mangas bufantes, gravata-borboleta preta e um corte de cabelo masculino. Ela estava cercada de pessoas que a apoiavam, incluindo a modelo Agyness Deyn, que fez questão de cumprimentá-la pessoalmente.

Porém, as coisas não voltariam ao normal para Rihanna até que o furor público sobre o caso se acalmasse. Para ela, toda pessoa que era gentil estava com pena, e a conversa sobre a crise nos jornais e nas ruas parecia não acabar nunca.

Alguns especulavam se era uma situação em que Chris sairia ganhando de qualquer jeito: se escapasse de ser condenado à prisão, ele poderia reconquistar aos poucos o apoio de suas fãs mais jovens; se fosse condenado, porém, isso poderia lhe render credibilidade em certos grupos. Por exemplo, em entrevistas Akon se gabava do tempo que tinha passado na prisão, estabelecendo uma identidade de ex-presidiário. Sua música "Locked Up", em cujo clipe ele usa uniforme laranja da prisão e lamenta as frustrações da vida no cárcere, foi um grande sucesso. Porém, depois disseram que ele jamais fora preso e que inventara tudo para ficar com fama de mau.

Com uma boa reconfiguração, Chris poderia se afastar da imagem atual de inocente com um pouco de maldade e se reinventar como artista forte que vivenciou o lado sombrio da vida. Mesmo se cumprisse pena, ainda havia a possibilidade de encontrar um lugar na indústria musical.

Porém, essas esperanças foram frustradas na audiência preliminar diante da juíza da Corte Superior de Los Angeles, Patricia Schnegg, em 22 de junho. Nesse dia, Rihanna não foi chamada para testemunhar. Antes de qualquer depoimento ser dado, Mark Geragos entregou um documento em que seu cliente assumia a culpa pelo crime de lesão corporal. Um acordo foi feito para mantê-lo longe da cadeia: em troca de se declarar culpado, a sentença de Chris seria convertida em serviços comunitários e um período de liberdade condicional, cuja duração seria anunciada após análise detalhada da juíza. O resultado final passou longe do glamour.

Ele enfrentou uma angustiante espera de dois meses até ouvir a decisão final. Apesar de a juíza ter emitido imediatamente uma ordem de restrição, proibindo Chris de ver Rihanna, ele resolveu usar esse período para reconstruir a carreira. A cantora britânica Keri Hilson causou polêmica quando pareceu banalizar a agressão, alegando que não importava o que ele tinha feito, bastava uma música para que Chris voltasse a fazer sucesso. "O que eles estão passando é muito triste, mas eu acho que, se você já teve um bom número de fãs, basta uma música para agradá-los", disse ela. Com a ajuda de Keri, ele começou a gravar material novo para retomar a carreira.

Em 20 de julho, Chris também quebrou o silêncio sobre o processo. Ele afirmou que as restrições legais o impediram de falar sobre o assunto antes, mas ele quis acertar as coisas, mesmo contra as recomendações de seu advogado. "Eu vi de perto o que a raiva descontrolada pode fazer", disse ele ao mundo, num vídeo. "Procurei e continuo procurando ajuda para garantir que o que aconteceu em fevereiro nunca mais se repita."

Ele expressou arrependimento profundo pelo comportamento "inaceitável" e garantiu ao público: "Eu disse à Rihanna incontáveis vezes e digo hoje a vocês que estou realmente arrependido por não ter sido capaz de lidar com essa situação de modo diferente e melhor... Acho que chegou a hora de vocês ouvirem diretamente de mim que eu sinto muito. Pretendo viver minha vida de modo a ser realmente digno do termo 'modelo de comportamento'."

Foi um momento infeliz para ele, que voltou ao noticiário justamente no dia em que lançou o vídeo em seu site. Dessa vez, um fotógrafo anunciou que estava processando um integrante da equipe de segurança de Chris por agredi-lo em frente a uma academia de ginástica enquanto ele tentava tirar fotos. Além de tudo, Chris usava um pingente escrito "Oops" em seu pedido de desculpas no site, ato considerado insensível e de mau gosto, indicando que ele não estaria levando sua agressão a sério.

Na mesma época, fotografias mostrando Rihanna nua surgiram na internet, algo que muitos suspeitaram ter sido obra de Chris.

No dia seguinte, 21 de julho, ele publicou uma música nova em seu site chamada "Changed Man" [Homem mudado] para provar sua recuperação. A letra dizia "The world hates Chris" [O mundo odeia Chris] e "Can we love again?" [Podemos amar de novo?], junto com pedidos de perdão, com os quais ele esperava tocar o coração de Rihanna.

O plano deu certo. Ouvir "I remember your touch, God, I miss you so much" [Eu me lembro de seu toque. Meu Deus, sinto muita saudade de você] foi difícil para Rihanna.

Na verdade, ela ficou tão encantada pela música que até concordou em encontrá-lo. Segundo os boatos, eles violaram a ordem de restrição para passar a noite juntos no hotel Trump International, em Manhattan. Era um amor imbatível, insaciável e que desafiava a lógica, mas foi essa mesma paixão cega e, de acordo com Rihanna, essa "obsessão" que parece ter levado à violência.

A mãe dela, Monica, falou à imprensa pela primeira vez para expressar seu temor e avisar que a filha estava "brincando de roleta-russa com sua vida". E acrescentou: "Estou arrasada. Chris tem poder sobre ela. Ela ainda o ama."

"É vergonhoso", disse Rihanna ao *20/20* sobre a recaída. "Eu estava muito apaixonada, de um jeito tão incondicional que voltei atrás. É humilhante dizer que isso aconteceu. Aceitar essa recaída é uma experiência traumatizante."

Ela continuou: "É bem natural que essa seja a primeira reação. Você começa a mentir para si mesma. Assim que as lesões físicas se curam, você quer [que tudo] aquilo vá embora, joga tudo para um canto da cabeça e começa a mentir para si mesma."

Poucas semanas após o encontro clandestino, no dia 25 de agosto, eles voltaram ao tribunal de Los Angeles para ouvir a sentença de Chris: condicional de cinco anos e seis meses de serviço comunitário humilhante. Os termos da condicional foram rígidos, proibindo Chris de consumir álcool e até mesmo de frequentar bares. A condicional também foi designada para diminuir o risco de eles retomarem o romance, proibindo que ele chegasse a 45 metros dela, dez se eles estivessem se apresentando no mesmo evento. O descumprimento dessas condições poderia levar a uma sentença de prisão pelo período da condicional. Ele também foi obrigado a frequentar sessões de aconselhamento sobre violência doméstica por um ano.

Durante a sentença, Rihanna — vestida de preto dos pés à cabeça e usando pérolas — ficou numa sala privativa, longe de Chris. Quando ele saiu do tribunal após a curta audiência de 15 minutos, ela foi convocada separadamente pelo juiz para ouvir os termos da ordem de restrição, que não dava a menor oportunidade de se retomar o relacionamento. O resultado não deixou qualquer dúvida para ambos: pelos próximos cinco anos, o contato entre eles estava totalmente proibido.

No mesmo dia da sentença, o clipe do novo single de Rihanna, "Run This Town", foi lançado no iTunes. Além de ser uma estratégia de marketing com intenção de tirar algum proveito daquela situação ruim, o vídeo também tinha o objetivo de mostrar a vitória de Rihanna sobre Chris. Enquanto ele era punido, ela planejava sua liberdade e lembrava a quem a estivesse assistindo que não era uma vítima.

A música era para o 11º álbum de Jay-Z, *The Blueprint 3*, e tinha Rihanna e Kanye West como participações especiais. Eles foram escolhidos por dominarem as paradas, como Jay-Z explicou ao DJ Tim Westwood: "Nós basicamente dominamos essa cidade... Eu, Rihanna e Kanye. É bem isso."

O clipe mostra os três com ar de gângsteres poderosos e glamourosos. O diretor evocou uma atmosfera tribal, sombria e levemente perigosa. "Tem uma milícia marchando e um tipo de energia agressiva ali que eu imediatamente quis explorar", disse Anthony Mandler à MTV. "Mostrei algumas referências de clássicos locais de revolta pelo mundo. Nos Estados Unidos, nós temos uma sociedade muito ordeira, mas quando pegamos o Brasil, o Oriente Médio, a África, a Europa Ocidental... Lugares assim têm um clima diferente de 'Está tudo dominado'. Existe menos ordem e mais caos. Então olhamos essas referências, com fotos atuais e históricas, para capturar essa sensação de que tudo está se desfazendo."

Após estudarem as fotos, eles decidiram usar fogo e bandanas para anunciar sua rebeldia. "Queríamos que as pessoas sentissem desconfortáveis ao longo do clipe", continuou Anthony. "Buscamos um clima constante de tensão... e acontecem coisas fora da tela que você não vê. Acho que as pessoas surtarão com isso."

Ele não estava errado: o single chegou ao segundo lugar na parada norte-americana e ao primeiro no Reino Unido, e foi a primeira vez que Jay-Z liderou uma parada como artista principal. O jogo havia virado: quando Rihanna começou, ele era o astro, mas agora ela é quem ajudava seu mentor a fazer sucesso.

A música também demonstra a união dos dois contra seus inimigos, já que a letra pode ser considerada uma ameaça velada a Chris — muitos já acreditavam que a carreira musical dele tinha acabado. Jay-Z informou à MTV, friamente: "Chris já era. Ele mexeu com as pessoas erradas." Rihanna fazia parte da equipe vencedora: ela não só dominava a cidade, como também as paradas.

Para piorar a situação de Chris, na semana em que Rihanna chegou ao primeiro lugar na parada de singles do Reino Unido — sua melhor estreia até então —, ele começou o serviço comunitário. Enquanto ela comemorava o sucesso da música, ele estava prestes a embarcar no maior choque de realidade de sua vida. Usando um colete laranja brilhante impossível de não chamar atenção, ele se agachava para limpar os estábulos dos cavalos da polícia em Richmond, sua cidade natal no estado da Virgínia. Rihanna sentia o doce aroma do sucesso, enquanto ele tinha de se contentar com estrume de cavalo.

E o trabalho nem ao menos lhe dava um pouco de privacidade. Pessoas paravam para dar risinhos abafados do uniforme laranja berrante e para ver um dos artistas que dominavam as paradas do R&B limpando lixo. Alguns fãs também apareceram e foram recompensados pelo apoio com um sorriso tímido e um aceno envergonhado do cantor.

Para Rihanna, tudo parecia ter finalmente acabado; mas, na verdade, estava apenas começando para os dois. Agora que o processo terminara, acabaram-se as restrições para falar sobre ele; portanto esperava-se que ambos fizessem declarações a respeito. Bastaram alguns momentos de raiva imprudente para que fossem garantidos meses de dor, com as cicatrizes emocionais levando mais tempo para se curarem do que as físicas. Porém, algo de bom gerado por essas especulações foi a oportunidade de o público aprender uma lição com tudo aquilo.

A jornalista Leslie Morgan Steiner, que escreveu o livro *Crazy Love* [Amor louco] contando sua experiência com um parceiro violento, acreditava que o caso de Rihanna tinha virado de cabeça para baixo alguns dos mitos sobre violência doméstica. A própria Steiner é a antítese do estereótipo de vítima: profissional formada em Harvard, independente financeiramente, com boa autoestima, uma família que a ama e uma sólida rede de amigos. Ela percebeu que Rihanna também não correspondia ao perfil típico da vítima. Aos olhos dela, isso provou ao mundo que a agressão poderia acontecer a qualquer pessoa. "Pensava que isso só acontecia com mães pobres com filhos e sem alternativa [antes de acontecer comigo]", explicou Steiner.

A *Newsweek* concordou: "Nenhum dinheiro ou fama pode protegê-la do terrível ciclo de dependência emocional, vergonha e medo que mantém pessoas vivendo com parceiros violentos. Mulheres agredidas procuram razões pelas quais elas possam ter 'provocado' uma agressão, encontrando falhas no próprio comportamento para explicar o inexplicável: por que alguém que elas amam as machucaria?"

Steiner também acredita que o caso de Rihanna desmentiu o mito que preconiza que um homem que foi vítima de agressão em casa não repete o mesmo erro. Recordando sua experiência, ela disse: "Nunca me ocorreu, em todas as vezes que [meu parceiro] contou suas histórias muito tristes sobre as agressões sofridas quando criança, que ele poderia me agredir. Nunca senti medo. Fiquei apenas solidária. Eu não entendia que os ciclos de violência são passados de geração em geração."

Rihanna falou ao *20/20* sobre o ataque nervoso de Chris: "Ele se esqueceu da dor que viveu com a mãe." Mas talvez não fosse assim tão simples, e por isso Leslie esperava que o caso dela conscientizasse as pessoas de que as vítimas de violência podem precisar de ajuda profissional para evitar repetirem o passado e para que possam descarregar em segurança qualquer raiva reprimida desde a infância.

Quando Rihanna disse ao mundo que mentira para si mesma quanto à gravidade da agressão, representou o que muitos especialistas viam como uma faceta típica de uma mulher agredida: a negação. Se ela negasse que havia um problema agora, contudo, teria de enfrentar protestos do mundo inteiro.

"Como a negação é o que há de mais perigoso na agressão doméstica, o fato de isso ter acontecido em público dificultará muito a retomada desse relacionamento", comentou Leslie. Ordem de restrição à parte, ela acreditou que o pesadelo de Rihanna provavelmente tivesse acabado de vez.

Todas as letras de música que começaram como ficção passaram a ser assustadoramente reais. "Take a Bow", em que ela lamenta que seu amado se arrependesse apenas por ter sido pego, e não pela traição em si; "Cry", em que ela diz não querer que ninguém veja sua tristeza, e alega ter levantado barreiras contra o amor; e até "Electric Guitar" — o dueto que não foi lançado — tinha referência a sangue e assassinato na letra que os dois jamais imaginavam que poderia se tornar real quando a compuseram. Juntos, Chris e Rihanna previram o próprio futuro.

Os dois apareceram na TV separadamente após a sentença para falar sobre o que acontecera. No *20/20*, Rihanna contou como viu o melhor amigo e primeiro amor se transformar de namorado carinhoso em agressor furioso, relembrando: "Ele não tinha alma nos olhos. Estava obviamente vazio. Não havia uma pessoa lá quando eu olhava para ele."

Ela também revelou que seu primeiro instinto após a divulgação da notícia foi de protegê-lo. Segundo ela, o estado emocional de Chris era tão frágil que ela chegou a temer que ele cometesse suicídio. "O mundo o odeia agora. Ele perdeu os fãs, a carreira e me perdeu. Só preciso que ele saiba: 'Não faça nenhuma idiotice.'"

Apesar da solidariedade, ela não pareceu muito comovida com o pedido de desculpas em vídeo publicado no site de Chris, observando que ele parecia "estar lendo de um TelePrompTer". "Eu não sei se ele compreendeu a gravidade do que fez", alegou ela. "O que os homens não percebem quando batem numa mulher é que o rosto machucado, o braço quebrado, o olho roxo, tudo isso vai melhorar. O problema não é esse, mas a cicatriz emocional. Você tem flashbacks, lembra daquilo o tempo todo. A cena volta querendo ou não, é doloroso."

Ela também falou de sua angústia quando, além dos fãs, também a prima de Chris, Phylicia Thompson, veio a público defendê-lo, dizendo: "Chris não foi criado para bater em mulher, então alguém deve tê-lo provocado para isso acontecer."

Rihanna respondeu: "É a ignorância... isso torna aceitável o que ele fez comigo? Elas dão uma desculpa para o que ele fez."

Enquanto isso, no dia 2 de setembro, Chris apareceu na CNN para dar sua versão dos fatos. Foram semanas tempestuosas para ele, com reportagens sugerindo que ele tinha violado a condicional apenas quatro dias após a sentença, quando foi visto na boate Guys and Dolls, em Los Angeles, ironicamente comemorando o fato de não ter sido preso. Muitas pessoas expressaram desaprovação, usando isso como prova de que ele não estava arrependido do que fizera.

Contudo, ele pintou uma imagem bem diferente na CNN. "Nunca deixei de amá-la", declarou. "Quando olho agora, eu penso: 'Uau.' Não acredito que isso aconteceu. Eu estava muito perturbado. Fui para a casa da minha mãe e desabei. Claro que lembro do que aconteceu, mas foi e ainda é meio confuso... Gostaria de poder voltar atrás quanto ao que aconteceu naquela noite. Realmente me arrependo e sinto muita vergonha do que fiz."

E acrescentou: "Isso não me define como pessoa e muito menos quem eu garanto que quero ser. Tenho certeza [de que Rihanna e eu] sempre poderemos ser amigos, e não sei quanto ao nosso relacionamento, mas sei que nós definitivamente terminamos sendo amigos."

Apesar do pedido de desculpas, Chris também causou polêmica quando atacou verbalmente a apresentadora Oprah Winfrey por dizer que Rihanna deveria dedicar um tempo para se curar antes de retomar o relacionamento. Ela advertiu em seu programa: "O amor não machuca. E se um homem bate em você uma vez, vai bater de novo." Indignado, Chris exclamou: "Foi um tapa na minha cara. Fiz muita coisa para a Oprah, como ir à África fazer um show na escola dela. Ela poderia ter sido mais prestativa e pensado: 'Vou ajudar essas duas pessoas.'"

Apesar desses rompantes, considerados por algumas pessoas próximas o prego no caixão de sua imagem pública, a qual se deteriorava cada vez mais, ele também sentia falta da namorada. E escreveu em seu twitter: "Meu coração está incompleto."

Embora Rihanna tenha respondido dizendo ao mundo que também o amava e que se importava com ele, não haveria mais volta. Ela relutara em dar entrevista para o programa de TV *20/20*, mas ter feito isso ajudou Rihanna a seguir em frente. "A princípio eu me fechei por completo", confessou ela à revista *W*. "Mas agora sinto que isso aconteceu para que eu pudesse ser uma voz e ajudar as jovens que estão passando por isso e não sabem como falar sobre o assunto."

No mês seguinte à agressão, Rihanna ficou cercada de amigos, mas, como nenhum deles tinha vivido o seu drama, ela se sentia totalmente sozinha, mesmo estando numa multidão. A cantora recorreu a Deus para superar o trauma e até acreditou que o destino a pusera nessa situação para que pudesse ser um exemplo. A entrevista consolidou todos os seus sentimentos e permitiu que ela usasse a dor para ajudar os outros.

"Foi um peso imenso que tirei das costas", disse ela à MTV. "Essa foi a primeira vez que realmente me abri. Eu tinha muita tensão acumulada, então, quando finalmente falei do assunto, a sensação foi muito boa. O mais importante é que as pessoas conseguiram tirar algo positivo disso... Não é algo divertido de falar ou de ouvir, mas existem muitas mulheres passando pela mesma situação, muitas adolescentes apavoradas demais para falar. Por isso foi bom poder ser essa voz e ajudá-las a enfrentar o problema."

Além disso, ela mandou uma mensagem clara para quem estivesse passando pelo mesmo problema: "Pare de se culpar pelo que aconteceu. Não há nada que você possa fazer para justificar esse tipo de comportamento por parte de um homem."

Capítulo 7

CHIQUE NO CAMPO DE BATALHA

Em apenas uma noite, Rihanna tinha passado de líder das paradas — conhecida por ficar em primeiro lugar por até dez semanas consecutivas e por interpretar "Umbrella", a música mais popular do mundo no século XXI — a vítima de violência doméstica digna de pena. O processo na justiça saiu do controle até o ponto de o nome dela virar sinônimo de agressão em vez de intérprete de sucessos recordistas. Ela estava longe da imagem de forte e autossuficiente que gostava de mostrar para o mundo. Na verdade, ela não queria mostrar suas fraquezas e imperfeições nem para os amigos e parentes mais próximos, quem dirá para o mundo inteiro.

"Em vez de as pessoas esquecerem, todos ficaram falando sobre aquela noite", disse ela ao *Mirror*. "Isso realmente me irritou, pois as pessoas só queriam falar daquilo. Não havia um dia sequer em que eu não fosse seguida por alguém querendo me criticar. E ainda havia toda a fofoca na internet, algo que eu não podia controlar nem evitar. Eu só tentava viver a minha vida, mas foi difícil, porque eu estava famosa pelos motivos errados. Antes era pela minha música, mas agora toda a atenção se concentrava no que tinha acontecido comigo. Mas, como qualquer grande experiência na vida, isso deixa a gente mais resistente."

Os dois aprenderam uma lição. Chris agora precisava implorar às fãs para que comprassem seus álbuns, pedindo publicamente: "Preciso de sua ajuda." Enquanto isso, Rihanna aprendeu que a fama significa muito mais que vestidos de marca, brincos de diamantes, festas glamourosas, turnês em estádios lotados e a adoração com que ela sonhara desde criança. Exigia muito mais responsabilidade, e, com apenas 20 anos, ela já tinha se dado conta disso.

Após a agressão, Rihanna encontrou no estúdio o seu porto seguro. Após se manter ocupada com um fluxo constante de shows, entrevistas, ensaios, aulas de dança, aparições para dar autógrafos e ensaios fotográficos, ela se acostumou a ter dias cheios e não suportava ficar à toa. "Comecei a enlouquecer depois de um mês em casa, por isso voltei a trabalhar", explicou ela à revista *W*. "O microfone era meu terapeuta. Com ele, não havia comentários desagradáveis, nem energia negativa."

Ela decidiu desabafar todos os pensamentos e as emoções no novo álbum, que se chamaria *Rated R*, demonstrando que não se censuraria. O álbum seria seu namorado, melhor amigo e conselheiro, tudo ao mesmo tempo. Embora tenha manifestado ao *News of the World* o seu desejo de ganhar de Natal apenas "ótimo sexo e ótima comida", ela estava disposta a abrir mão de tudo isso para que a música pudesse ser seu verdadeiro caso de amor: "Eu deixaria o amor de lado pelo meu trabalho porque ele significa muito para mim."

Como Lady Gaga, que uma vez afirmou: "O seu trabalho é fazer sexo maravilhoso, irresponsável e sem camisinha com a ideia que você está escrevendo, seja ela qual for", Rihanna também estava fazendo amor com sua música. O foco principal para sua energia — sexual ou qualquer outra — estava no novo álbum, e ela se sentia bem assim, porque o trabalho consumia muito tempo e era exaustivo. "*Rated R* é como uma criança," informou Rihanna ao *Access Hollywood*. "Requer muita atenção, trabalho árduo e noites sem dormir."

Não só ela tinha colocado toda a sua energia no trabalho, como prometeu que esse seria seu álbum mais pessoal até então. "Não era só uma questão de cantar as letras", explicou ela ao *Mirror*. "Cada palavra significa algo porque é minha história. Eu desabafei sobre meus problemas pessoais."

Mas exceto por pequenos trechos mostrados pelos compositores, ninguém sabia como seria o álbum. O colaborador Ne-Yo advertiu: "Espere uma Rihanna mais irascível, quase furiosa", enquanto Jay-Z manteve a boca fechada. Rihanna gostou de ouvir as especulações porque o foco, dessa vez, não estava na agressão. Ela esperava que seu retorno mudasse permanentemente a situação, reescrevendo sua imagem. Apenas um dia fora o suficiente para sua reputação, por isso ela esperava reverter a situação de modo igualmente rápido. "Eu não quero que daqui cinco anos, sempre que eu aparecer, eles pensem em Chris Brown me batendo", reclamou ela à ABC. "Não é isso que eu sou."

Contudo, Rihanna não era a única a planejar um retorno triunfal. Chris também estava de volta, e sua turnê pelos Estados Unidos começaria num dia inconveniente: 14 de novembro, apenas dois dias antes do show que marcaria o retorno de Rihanna, na Brixton Academy, em Londres. Enquanto o novo álbum dela falaria de reabilitação amorosa e de ressurgir como uma guerreira, o de Chris abordaria a reabilitação da carreira e, assim, ambos esperavam seguir em frente.

Mas enquanto Rihanna queria esquecer o drama, deixando que suas novas músicas falassem por si e fossem a última palavra sobre o trauma que ela tanto queria esquecer, Chris estava pronto para falar, com direito a detalhes minuciosos até demais. Mesmo que estivesse arrependido, ele agora tinha uma postura desafiadora. "Esse foi um péssimo erro que cometi, mas... Não acredito que eu deva deixar isso destruir minha vida", disse ele ao *Times*. "Acho que não tenho motivo para passar o resto da vida de cabeça baixa."

Ele também aproveitou a oportunidade para condenar as mulheres pela violência doméstica, insistindo que toda história tem dois lados: "A violência doméstica é totalmente errada, em qualquer circunstância, sem exceções", afirmou ele, "mas muita gente acha que isso acontece numa via de mão única, isso é, apenas de homens para mulheres. Deixe-me dar um exemplo: Não estou dizendo que foi literalmente o que aconteceu, mas se uma mulher bate num homem, é como se ele não tivesse sido macho. Há um deboche, tipo: 'Ha, ha, sua mulher te bateu! Que tipo de homem é você?' Mas se um homem, digamos, se defende ou usa sua força, ele está errado... Mas é sempre uma situação mútua. Acho que se a força foi usada pelos dois, então os dois estão errados".

Embora Chris tenha deixado claro que não estava se referindo a seu relacionamento com Rihanna, ela confessara aos policiais que dera um tapa nele vários meses antes do incidente que os separou. E também disse num programa de rádio que, num ataque de raiva, ela uma vez batera com tanta força no irmão que lhe causou um hematoma durante uma briga envolvendo o uso de uma garrafa e de um telefone. Porém, ela deixou bem claro que não atacou Chris na noite em que ele a espancou.

O comentário de Chris pareceu confirmar a ideia de que o hip-hop estava cercado por uma cultura machista, que tornava normal o uso de violência a fim de demonstrar poder.

Ele também pareceu insinuar que relacionamentos agressivos são heranças de família. Durante as sessões de aconselhamento, Chris disse ter sido informado de que entre 30% a 40% dos relatos de violência doméstica envolvem agressões feitas pelo sexo feminino. E argumentou: "Essa taxa pode ser até maior. Afinal, que homem achará fácil dizer, 'Sim, minha namorada bate em mim'?"

Contudo, ao ouvir isso, alguns fãs de Rihanna devem ter repetido a declaração dada por ela quando lhe perguntaram o que Chris deveria fazer. Ela disse ao *20/20*: "Eu quero que ele assuma a responsabilidade e não que ele encontre um jeito de sentir pena de si mesmo."

Nesse meio-tempo, o cantor insinuava que o incidente que fez as fotos do rosto de Rihanna inchado e com hematomas circularem pelo mundo tinha sido bom para ele. Falando do processo de reabilitação de sua imagem pública, ele disse ao *Times*: "Isso é humilhante, sim, mas é bom... Ser trazido de volta à realidade não é ruim; faz você dar valor à sorte que teve na vida novamente."

Ele continuou dizendo que a experiência de seu primeiro álbum ter chegado ao primeiro lugar o jogara num "reino de arrogância" irreal do qual ele precisava sair.

Ele não estava mais apaixonado. Meses antes, ele publicara mensagens descrevendo a adoração por Rihanna e seu arrependimento sincero, mas agora acreditava ter seguido em frente. Chris explicou que a entrevista dada por Rihanna na TV, alegando que ele a deixara com cicatrizes emocionais, apavorada e envergonhada por ter sido namorada do cantor, fez com que ele se concentrasse em si mesmo em vez de no amor. "Aquela entrevista colocou tudo em perspectiva para mim", disse ele ao *Times*. "Ela fez mesmo com que eu me concentrasse em mim mesmo. Eu estava concentrado demais no amor. Não há nada de errado nisso, mas às vezes esse sentimento pode fazer você perder o foco dos seus objetivos e esquecer seu propósito... Não estou com o coração partido agora. Estou seguindo em frente. Sempre sentirei remorso pela situação, mas a essa altura estou apenas vivendo minha vida."

As entrevistas foram sinceras, mas o que ele não disse foi mais revelador do que suas palavras. Em seu terceiro álbum, *Graffiti*, lançado em dezembro de 2009, músicas como "Changed Man" foram omitidas do álbum, substituídas por outras como "Famous Girl", cuja letra pulsava raiva e acusações a uma mulher misteriosa que estava sob os holofotes. De modo ainda mais desconfortável, "Wait" fazia um trocadilho sexual imprudente com a palavra *beating*, que significa "surra", longe de ser a letra ideal para quem acabara de ser condenado por agressão.

Porém, ele agora estava seguindo em frente graças às sessões de aconselhamento sobre violência doméstica que faziam dele uma pessoa melhor, segundo o próprio Chris: "É uma aula sobre violência doméstica, mas também tem um pouco sobre controle da raiva que ajuda você a lidar com certas situações e diz o que se deve e o que não se deve fazer... É uma mistura de terapia de grupo com lições sobre como gerenciar os sentimentos. É uma formação de caráter."

Enquanto isso, ele doava parte da renda de seus shows — anunciados como "turnê para apreciação dos fãs"— ao abrigo para vítimas de violência doméstica Jenesse Center, em Los Angeles. O público questionou se a turnê era para vender álbuns, buscar amor e aprovação ou se vinha da necessidade de ser uma pessoa melhor. Quanto a Rihanna, estava claro que o objetivo dela era trazer o holofote de volta para si e para seu trabalho, pois pensava em fazer o primeiro show solo desde a agressão.

Para se preparar, ela lançou o clipe da música "Wait Your Turn", do álbum seguinte, com o novo título "The Wait Is Ova". Na letra, Rihanna canta sobre lançar uma granada, como se indicasse que estava chegando para matar. As novas músicas tinham um estilo mais agressivo, fazendo a linha "mulher rejeitada", e, buscando um tempero rock, ela convidou o guitarrista Nuno Bettencourt, do grupo Extreme, para fazer parte da turnê.

Foi um passo arriscado: o rock costuma ser um gênero bem elitista, e alguns músicos relutam em se associar a meros artistas pop cuja música não permite o famoso salto em direção a plateia chamado *mosh*. Dessa forma, quando Tony Bruno, diretor musical de Rihanna, convidou Nuno para ser o guitarrista principal da turnê, ele o fez apenas por cortesia, e ninguém prendeu a respiração aguardando um sim de imediato.

"A primeira coisa que pensei foi que [ela] provavelmente não é a mais adequada para o que eu faço", contou Nuno em seu blog. "Mas Tony disse: 'Antes de recusar, deixe-me mostrar o estilo que ela quer seguir ao vivo.' E quando ouvi, eu falei: 'Uau, isso é bom!' É pesado e funkeado. Aí me dei conta de que era a *minha* praia, o meu estilo, como eu gosto de tocar. Fiquei muito empolgado com a possibilidade de dar um tratamento mais pesado a alguns dos sucessos dela. Quando perguntei ao Tony o motivo do convite, ele explicou que Rihanna gosta muito de grupos como Paramore e Linkin Park e que ela adora usar a influência do rock."

Apesar de Nuno ser mais conhecido pelo trabalho com artistas de punk rock, como Perry Farrell, do Jane's Addiction, foi difícil recusar aquela proposta. "Deixe-me pensar: fazer turnê e dividir o palco com uma artista legal e talentosa como Rihanna e acrescentar meu estilo passional como músico e artista? Estou dentro!" Ele completou dizendo que seria uma "ótima oportunidade de misturar nossos talentos e criar uma experiência empolgante".

Embora admita ter perdido alguma credibilidade no mundo do rock' n 'roll ao colaborar com alguém que nunca tinha ouvido esse estilo musical quando chegou ao topo das paradas pela primeira vez, e que era chamada por todos na indústria do rock de "vadia do pop", ele estava convicto de sua decisão, explicando ao *Globe*: "Sempre houve uma diferença entre ela e as Britneys do mundo."

E Rihanna provou isso ao lançar o primeiro single do álbum, "Russian Roulette", no dia 7 de novembro. Ela ainda era sensual, mas agora estava mais perigosa. Se a capa do single mostra Rihanna vestindo apenas arame farpado, o clipe é igualmente assustador. Nele, Rihanna aparece se contorcendo indefesa numa câmara de tortura, sendo atropelada por um carro, afogando-se numa piscina, sendo envenenada lentamente por gás e até se masturbando enquanto tenta fugir de seus captores. O som de um coração batendo foi manipulado para soar ameaçador e misterioso. Além disso, os tremores e choros de Rihanna lembram aos ouvintes da fragilidade da vida, comprovada pelo tiro ao término do clipe.

Mas afinal, o que Rihanna queria dizer com esse retorno sombrio? A música aborda a violência em relacionamentos, mostrando Rihanna ao mesmo tempo excitada e apavorada, e o título da música usa as mesmas palavras do alerta público dado pela mãe quando a filha voltou para o ex, que ela estava jogando roleta-russa com a vida. Era inevitável que as pessoas acabassem relacionando isso a Chris Brown.

Porém, de acordo com o compositor Chuck Harmony, o público foi rápido demais em julgar. "Não importa o que ela lance: se fizer uma música dizendo 'ainda te amo', será sobre Chris Brown. Se cantar 'odeio seu cachorro', também estará falando do Chris Brown. Fazer essa ligação é uma reação natural das pessoas", alegou.

O coautor da música, Ne-Yo, foi igualmente cauteloso: "Eu nem queria ir muito para esse lado porque sei o que todos estão esperando", esquivou-se ele em entrevista à MTV. "Não acho que exista alguém que não saiba o que aconteceu. E não acho que isso deva ser glorificado... O triste é que foi preciso acontecer isso para que o assunto tivesse a atenção merecida. Mulheres são espancadas o tempo todo, e ninguém diz nada, mas agora que aconteceu com uma celebridade, vamos falar disso na Oprah Winfrey."

E continuou: "Chris Brown é meu amigo, e não o vejo como uma má pessoa pelo que aconteceu. Foi um erro enorme, e ele tem de aprender algumas lições e amadurecer, mas não vou atacá-lo por isso. Não darei as costas para um amigo porque ele cometeu um erro. Não posso escrever uma canção atacando Chris Brown e ser capaz de me olhar no espelho depois."

Porém, os dois compositores queriam fazer uma música que refletisse o crescimento de Rihanna e não podiam ignorar que a vida dela fora um inferno naquele ano. Tendo isso em mente, eles acharam que uma música pop chiclete não seria adequada e procuraram uma canção "um pouco mais sombria, não convencional e mórbida".

E esse som deu a ela um sucesso que ficou entre as dez mais no mundo inteiro, chegando ao segundo lugar no Reino Unido, nono nos Estados Unidos e sétimo na Austrália. Além disso, embora nos últimos tempos tivesse ficado mais conhecida pela agressão do que pelas músicas, o show de retorno no dia 16 de novembro, na Brixton Academy, em Londres, logo reverteria a situação. "Ela não teve nada de vítima quando trouxe a atenção de volta para a música, usando o máximo de espetáculo que pôde", publicou o *Evening Standard.* O *Mirror* concordou: "Rihanna renasceu mais forte do que nunca no show de ontem."

Dez dias depois, o álbum foi lançado, e o mundo inteiro pôde comprovar a transformação de Rihanna. Ela também ousou na imagem: embora o fotógrafo do álbum anterior, Roberto D'Este, tenha dito que a ideia era ter um visual sexy, mas não vulgar, Rihanna foi mais ousada em *Rated R.*

Na capa do álbum ela adotou um visual "sadomasoquista chique", aparecendo novamente envolta em arame farpado: "Eu queria fazer algo diferente", explicou ela à Universal Music Malaysia. "A ideia foi minha. Costumo sonhar com coisas doidas."

Ela também fez a única coisa que tinha prometido à mãe que jamais faria, que é posar nua, mas com o recato protegido por uma placa com a inscrição "Censurado", numa montagem que tinha fotógrafos com câmeras a postos ao fundo.

As fotos foram tiradas por Ellen von Unwerth, fotógrafa feminista conhecida por trazer à tona o potencial erótico das mulheres, e Simon Henwood, diretor de criação que ajudou Rihanna a descobrir e projetar seu lado subversivo. "Minhas referências são sempre sombrias", explicou ele. "Sempre olho para o trabalho da pessoa e tento encontrar o lado pervertido. Imagino que devido ao que passou recentemente, ela estivesse aberta a brincar com isso. Consegui fazer umas coisas bem sombrias, algo bem raro para uma artista do status dela."

Sem dúvida, o mundo da música comercial é totalmente açucarado e saudável, e a maioria dos grandes artistas fica feliz em ser convencional, mas Rihanna não faz parte desse grupo. A capa do álbum também mostra Rihanna usando um vestido com lasers costurados, feito pela estilista contracultural Hussein Chalayan, também conhecida por mandar modelos à passarela usando lenços de cabeça — imitando os véus usados por muçulmanas como ato de decência —, mas totalmente nuas da cintura para baixo. O gosto de Hussein pela polêmica era perfeito para Rihanna, cujas poses quentes usando delineador preto e a nudez liberal contrastavam totalmente com a expectativa dos fãs.

Além de Grace Jones, um dos principais ícones da moda que inspirou Rihanna dessa vez foi Lady Gaga. De acordo com o *Observer*, "Gaga não trabalha com o que é bonito, disponível, submisso ou glamouroso de forma óbvia. Ela prefere trabalhar com o assustador, o teatral, o ousado... tem um pouco de Bowie, um pouco de Madonna no início da carreira na forma usada por Lady Gaga para mostrar a sexualidade. É descarado, agressivo e sem vergonha, no melhor dos sentidos".

Assim como Lady Gaga, Rihanna se importava mais em passar uma imagem forte e intocável do que em atrair os homens. Ambas desafiam os estereótipos convencionais representados na aparência das estrelas no mundo do entretenimento: Gaga por seus trajes escandalosos que às vezes beiram o grotesco, e Rihanna por se recusar a se fazer de atraente usando a fórmula manjada dos cabelos longos e vestidos de mulherzinha. As duas se destacam da multidão e têm uma inspiração em comum: Gaga também adora Grace Jones.

Rihanna falou ao *News of the World* sobre o respeito que tem por Gaga, elogiando: "Não somos normais, somos artistas. Somos as pessoas mais loucas que existem. Somos muito envolvidas com a arte e não estamos nem aí para quem gosta de nós ou nos odeia, porque é isso que vivemos e respiramos. Respeito mais do que tudo quem não tem medo de ser autêntico."

Seu "tio" Evan, contudo, que estava envolvido na produção do álbum, admitiu ter ficado "desconfortável" com a recém-descoberta liberdade de Rihanna, tanto por motivos comerciais quanto pelo desejo de proteger a garota de quem era próximo como se fosse da família. "Esse álbum foi meio como ouvir sua filha falar palavrão pela primeira vez", comparou ele numa entrevista à revista *W*. "Não vou mentir e dizer que não me preocupei com a reação do público."

Apesar disso, tudo o que importava para Rihanna era que ela estava se expressando, para variar. Ela foi coautora de nove das 13 faixas do álbum e deixou as emoções à solta: tanto as boas quanto as ruins.

"Foi bem pessoal", disse ela à revista *W*. "Veio tudo de mim, da forma mais autêntica. É como um filme, pois quando estava gravando esse álbum, cada dia eu ficava com um humor diferente. Às vezes eu estava revoltada, outras, sofrendo, e cada música traz uma história diferente."

Porém, embora houvesse uma vasta gama de histórias para contar, nenhuma delas era de amor. Rihanna começou a rejeitar ideias alheias, algo impensável quando ela tinha começado a carreira, e recusou oito baladas a fim de afastar de si o papel de vítima apaixonada. "Era exatamente o que eu não queria", insistiu. "Quando estava prestes a começar a gravar, a primeira coisa que eu disse foi: não quero músicas tristes, não quero músicas de amor. Não quero isso, é exatamente o que estão esperando."

L.A. Reid, chefão da Island Def Jam, ficou satisfeito, mas não surpreso, ao ver Rihanna sendo autêntica. "Ela não quer encontrar um consenso, nem saber o que as pessoas pensam. Quem trabalha com Rihanna executa o que ela pensa."

Mas tinham se passado apenas três anos desde a declaração pública de Rihanna dizendo que evitava tomar decisões no estúdio, afirmando: "Não gosto de ficar muito no controle ou de ser dominante demais."

Ne-Yo também notou a mudança, relembrando à MTV: "Quando trabalhei com ela pela primeira vez, ela foi muito... Não digo obediente, porque pareceria que estou descrevendo um cachorro, mas ela aceitava minhas sugestões sem questionar. Ela confiava em mim, o que era ótimo, mas eu disse que gostaria de chegar ao ponto em que ela me daria ideias, em que seria uma colaboradora, e não uma marionete. E agora eu acho que chegamos lá. Ela está mostrando um lado que não aparecia antes porque não queria assustar ninguém. Rihanna viveu a dor, e isso a ajudou a crescer a ponto de explorar isso musicalmente."

Ela também começou a fazer outras exigências. Além de não estar preparada para fazer um álbum cheio de canções de amor, Rihanna também queria se afastar do pop comercial e, em vez disso, aumentar os graves a fim de obter um som mais próximo do rock. Para L.A. Reid, foi uma mudança bem-vinda trabalhar com quem sabia o que queria. Segundo ele, essa seria a próxima etapa da evolução de Rihanna: "Eu esperava que ela fizesse uma declaração com esse álbum", explicou ele. "É importante ter expressão artística e um ponto de vista em vez de ser uma garotinha do pop que apenas recebe as canções."

A transformação deve ter desnorteado os fãs antigos e acostumados a uma Rihanna mais discreta, mas ela estava determinada.

"É um choque para eles", disse ela à Universal Music Malaysia. "Até o estilo do álbum foi um choque cultural para eles. Mas os fãs gostam de honestidade… Sempre sabem quando algo não é sincero. A princípio, eles podem ter se intimidado com a nova imagem, mas depois entenderam. Agora eles adoram a música e a imagem também. Depois de um tempo eles notaram que essa é quem realmente sou. Isso não impedirá que as pessoas falem mal de mim, mas não posso mudar quem sou."

Pela primeira vez na carreira de Rihanna, o álbum pareceu ser uma forte reflexão interna. Ela não era mais uma estrela pop produzida em massa, mas sim uma mulher que sofrera um trauma. Por isso, não falou de arco-íris, nem de pores do sol, mas sim de emoções intensas e às vezes sombrias. Ela ainda tinha uma equipe de produtores talentosos à disposição, mas agora estava fortemente envolvida na composição das letras.

A primeira faixa do álbum, "Mad House", começa afastando os medrosos, enquanto a já mencionada "Wait Your Turn" tem um ritmo de granadas com toque jamaicano. Mas o clima esquenta é com "Hard". A mesma dupla que compôs "Umbrella" foi até Paris para mostrar essa música à Rihanna, que ficou instantaneamente empolgada. "Ela tinha muita arrogância, bem diferente de mim. Foi por isso que eu quis gravá-la", disse ela à MTV. "Foi divertido isso de contar vantagem, a letra tem muita atitude."

"Hard", por sua vez, tem ameaças insolentes a quem possa estar de olho em seu trono, dizendo que, com mais de 27 milhões de cartas de fãs, o topo era muito mais que um destino de férias: ela viera para ficar. Rihanna também recrutou o rapper Young Jeezy para dar ainda mais ousadia e atrevimento à música.

Os compositores de "Umbrella" também deram a Rihanna "Rockstar 101", um tributo ao estilo de vida hedonista do rock' n' roll. A música não só seguia caminho semelhante ao de "Hip-Hop Star", de Beyoncé, como tinha um tema parecido, revelando um lado inesperadamente ousado das duas cantoras.

Os compositores também saíram um pouco da zona de conforto. Embora Ne-Yo tenha dito que jamais ajudaria a compor uma música criticando Chris Brown, ele pode ter chegado bem perto disso com "Stupid in Love". Composta junto com Stargate, ela foi criada como uma música de fim de relacionamento: mesmo desesperadamente apaixonada, Rihanna não podia perdoar o comportamento do namorado.

"Firebomb", outra música de vingança sem pudor e com sede de sangue, fala em jogar coquetéis molotov em alguém e atirar no tanque do carro dele. De forma reveladora, Rihanna fantasia sobre quebrar o para-brisa de um carro para se vingar de um namorado: exatamente o que Chris fez com ela durante uma briga. "Gravei uma música sobre vingança", confirmou ela ao *News of the World*, "sobre querer que alguém passe pelo mesmo que te fez passar e finalmente entenda por que você não pode perdoá-lo".

As imagens violentas podem parecer radicais para quem não estiver apaixonadamente envolvido num caso de amor destrutivo, mas se encaixam com perfeição no contexto das experiências de Rihanna.

Outra que se encaixa perfeitamente é "Cold Case Love". Antes desse álbum, vários temas de músicas tinham sido apenas interpretação de um personagem para Rihanna. Aqui, contudo, cada palavra da letra veio direto do coração. Uma das faixas mais emocionantes do álbum, repleta de dor, fala de um amor que descumpriu a lei e que precisa ser investigado. Por sentir que o amor não deve causar dor, ela quer ser libertada dessa prisão. Rihanna descrevera o relacionamento com Chris como "perigosamente obsessivo", e, segundo a psicologia popular, casos amorosos viciantes são conhecidos como prisões sem grades. As vítimas podem se afastar, mas o torturador mantém controle sobre elas, não importa o quanto a situação piore. Agora, contudo, Rihanna finalmente criara coragem para se libertar, fazendo de "Cold Case Love" a trilha sonora dessa libertação. A música tem o estilo marcante de Justin Timberlake, parecendo imitar a canção dele de 2006, "Until the End of Time". Como era de se esperar, ele é coautor da música.

Em "G4L" a preocupação com a violência vingativa que fez Rihanna tatuar o desenho de uma arma semanas após a agressão de Chris Brown se mostra de novo. Mais um tijolo na construção de sua persona de mulher forte, ela promete ser uma delinquente pelo resto da vida — e pervertida, ainda por cima, lambendo a arma do crime para provar que a vingança é doce.

Gravar canções de amor não agressivas naquele momento era um forte tabu que a esquentada Rihanna enfrentava no estúdio. "Eu não queria baixar a guarda para as pessoas", disse ela ao *News of the World* sobre suas feridas abertas. "Eu não queria nem ouvir falar de amor."

Porém, Will.i.am, do Black Eyed Peas, convenceu Rihanna do contrário e fez um dueto com ela em "Photographs". A música aborda momentos de arrependimento cheios de nostalgia, em que Rihanna analisa o que lhe restou do ex-namorado de quem ela não queria se separar: um álbum cheio de fotos. Uma espécie de irmã da parceria de Will.i.am com Cheryl Cole em "3 Words", essa é uma das poucas músicas do álbum que segue o estilo pop tradicional.

Rihanna também foi convencida a abordar o amor com um ponto de vista diferente em "Te Amo", a história de um caso de amor entre duas mulheres que a deixa ao mesmo tempo intrigada e relutante. O título da canção veio do espanhol, que a personagem interpretada por Rihanna inicialmente luta para entender e que simboliza tanto o mistério da relação como a falta de compreensão que as pessoas de fora têm da atração obscura entre as duas.

Em "Rude Boy", Rihanna revela sua queda por *bad boys*, desde que eles acompanhem o seu ritmo. A música tem um ar de dancehall e cultura jamaicana, com um toque comercial dado pelo Stargate.

Por fim, Rihanna exorcizou os demônios que restavam de seu relacionamento com Chris em "The Last Song", tão dolorosa que ela relutou em gravá-la, pois simbolizava o último adeus a um caso amoroso, não só formalmente, como também no coração. Era o momento pelo qual ela estivera esperando, mas era tão estressante que Rihanna adiou a gravação até ser a última da agenda. "Quando a gravadora chegou e disse que tínhamos 12 horas para entregar o álbum, pensei: 'Ok, tenho de fazer isso'", relembrou. "Então bebi um vinho, diminuí as luzes, entrei no estúdio e cantei."

Ao final das gravações, ela tinha espremido suas emoções até estar só o bagaço. Agora a mídia teria algo novo de que falar, em vez de lembrá-la constantemente da agressão. "É um alívio... Finalmente posso deixar isso para trás e seguir a vida", disse ela à *GQ*. "Queria que as pessoas seguissem em frente junto comigo, porque a última coisa importante que souberam a meu respeito teve a ver com aquela noite, e eu não quero ser definida por aquilo."

Após as gravações, Rihanna também começou a ter paz de espírito. Ela passou por muita coisa com o namorado até a relação se esgotar. "[Primeiro eu pensei,] 'O que eu fiz para merecer isso? Por que tudo estava se voltando contra mim?'", questionou ela ao

Mirror. "[Mas um dia] eu estava em Nova York, acordei e simplesmente soube que tinha superado. Foi um dia diferente. Eu me senti diferente. Não me senti sozinha. Eu queria levantar e sair pelo mundo. Foi uma ótima sensação."

Rihanna tinha recusado a ajuda de um terapeuta por orgulho, exceto numa ocasião antes de dar entrevista na TV sobre a agressão, quando seus empresários a pressionaram a expressar suas emoções. Mesmo tendo liberado a ansiedade, ela não quis fazer disso um hábito. Em sua cidade natal, a terapia era considerada um luxo desnecessário ou uma gafe cultural humilhante, por isso o álbum foi uma bela forma de desabafar metaforicamente sem ter que se expor demais. Além do mais, ela fora capaz de controlar o que ia dizer e como iria fazê-lo. Fotos da experiência difícil vivida por ela foram espalhadas pelo mundo, mas ela conseguiu guardar suas emoções para si.

De modo geral, usar a música como terapia vinha sendo uma boa experiência para ela. Além disso, ela acreditava ter crescido como pessoa. Pouco tempo depois, Rihanna aumentou sua coleção de tatuagens com a frase: "Never a failure. Always a lesson." [Nunca um fracasso. Sempre uma lição.]

"Se eu tivesse medo de cometer erros, não estaria onde estou agora", disse ela à edição alemã da revista *Bravo*. "Você aprende errando. Fiz minha tatuagem escrita de trás para frente na clavícula porque queria me lembrar disso todos os dias ao me olhar no espelho."

A frase poderia muito bem se aplicar também ao pai de Rihanna, que disse ter percebido o quanto amava a família e que não suportaria perdê-los, ganhando assim força para largar o vício. A frase provavelmente servia para várias situações na vida de

Rihanna, mas o que ela tinha em mente na época era o malfadado romance com Chris Brown.

"Por mais traumático e assustador que tenha sido, e às vezes eu desejo que nunca tivesse acontecido, minha vida inteira mudou muito depois que passei por tudo aquilo", contou ela ao *New York Times* sobre a agressão. "Se eu não tivesse vivido aquela situação, juro que você estaria entrevistando uma pessoa completamente diferente."

Ainda havia momentos difíceis de suportar, como uma festa de lançamento do álbum do colega Jay Sean, que aconteceu na mesma semana em que o novo CD dela chegou às lojas. Rihanna foi a convidada de honra do evento, onde foram servidos £100 mil em champanhe Cristal para brindar. A imensa quantidade de bebida grátis deve ter sido uma bela maneira de impressionar uma mulher que parecia ter tudo, mas acabou sendo mais um ataque, do que uma festa, quando o DJ tocou uma música de Chris Brown. Ela não estava disposta a sorrir e aturar aquilo, então se levantou e foi embora.

Outro incidente ocorreu no Pepsi Super Bowl em 4 de fevereiro de 2010, quando ela dividiu o palco com artistas como Timbaland e Justin Bieber. Justin era o típico adolescente cheio de hormônios — estava de olho em Cheryl Cole, Kim Kardashian e Vanessa Hudgens ao mesmo tempo —, mas tinha um carinho especial por Rihanna.

De acordo com alguns boatos, ele dizia aos organizadores de vários eventos que só apareceria se um encontro com Rihanna fizesse parte do pacote. O flerte poderia ser algo irritante para ela, mas a cantora viu aquilo como uma fantasia adolescente inofensiva. Afinal, ela era apenas alguns anos mais velha que ele. Contudo, além de afastar admiradores, algo normal que faz parte do trabalho de uma cantora glamourosa, ela teve um *flashback* assustador da agressão violenta que tinha sofrido.

Durante a festa pós-show, ela descansava à mesa com Timbaland e Kim Kardashian quando várias garrafas de champanhe passaram voando, quebrando-se em pedaços a seus pés, e por pouco não a atingiram. De acordo com a imprensa, as garrafas eram "potencialmente letais", e sempre que uma delas caía, os bêbados responsáveis pelo lançamento gritavam "Touchdown!" para entrar no espírito do Super Bowl, a final do campeonato de futebol americano dos Estados Unidos. O DJ parou de tocar a música de Rihanna e encerrou a festa gritando: "Todo mundo para fora! O Super Bowl acabou!" Para piorar, Chris quase violou a ordem de restrição, pois ficou a poucos metros dela na mesma boate.

Outro momento terrível ocorreu quando foi divulgado que ela conquistara um papel no filme *O último dragão*. Rihanna teria a oportunidade de extravasar suas fantasias vingativas e cruéis interpretando uma dominatrix nesse filme de artes marciais ao lado de Samuel L. Jackson. Ela chegou a planejar uma ida a um clube de sadomasoquismo para entender a personagem e aprender mais sobre essa cultura.

Porém, ela ficou assustada quando Bun B, do grupo de hiphop UGK, sugeriu Chris Brown para o papel principal. "Ele tem rosto de criança e o corpo ideal para o papel", Bun B teria dito. "E se nada disso tivesse acontecido, ele ainda seria o namorado de Rihanna. Deixe-me dizer, ele não é um cara pequeno. Chris tem quase 1,90. Ele é muito atlético, e depois de treinar e aprender alguns golpes... ele também é bem rápido. Estou falando, ele arrasaria nesse filme."

Mas Rihanna ainda aproveitava o sucesso do clipe de "Hard" e estava numa fase boa demais para se importar com esse detalhe. Desde o lançamento ocorrido em 10 de novembro de 2009, a música chegara ao oitavo lugar na parada norte-americana. Boa parte disso certamente se devia ao vídeo em que ela aparecia como um sargento dando ordens a seu exército, rolando na lama e marchando no deserto, além de pilotar um belo tanque cor-de-rosa berrante.

"É alta-costura militar", empolgou-se Rihanna numa entrevista à MTV. "Tudo gira em torno do estilo militar. Temos tanques, tropas, helicópteros, explosões... Roupas apertadas, muitos trajes bonitos, muitas balas. Uma loucura."

Como aconteceu no clipe de "Umbrella", Rihanna estava disposta a arriscar, por mais provocante que o resultado ficasse. E, de acordo com a diretora Melina Matsoukas, mais conhecida pelo trabalho com Katy Perry, era uma maravilha trabalhar com ela justamente por isso. "Ela tenta de tudo, o que é sempre ótimo, porque vários artistas não fazem o que você precisa que eles façam", disse Melina. "Ela faz, e eu definitivamente queria mostrar esse lado divertido dela."

O lado divertido também se estendia à moda. Por isso, ela usava uma espécie de espinhos imensos de aparência assustadora nos ombros e pintura tribal de guerra no rosto. "Ela adora roupas exóticas", continuou Melina. "Também adora moda... e [ela] é uma das poucas artistas que vestem essas roupas e ficam bem. Essa parte é sempre boa. Nada fica feio nela, então é ainda mais divertido. Ela vai fundo e desafia você a dar um passo à frente, enfrentando o *status quo*."

Mas nem todos adoraram esse visual. De acordo com o About.com, o clipe era "um dos mais ofensivos e de mau gosto já feitos por uma estrela pop". O crítico continuou: "Não consigo entender o objetivo de Rihanna ao se esfregar no canhão de um tanque cor-de-rosa usando orelhas de Mickey Mouse... [e] tratar o tanque como um brinquedo sexual."

Se o crítico detestou o clipe porque glamourizava a guerra, Jay-Z, por sua vez, ficou tão orgulhoso da música que a primeira apresentação dela em público foi num dos shows dele em Los Angeles no ano anterior.

O próximo single seria "Rude Boy", também dirigido por Melina Matsoukas. Lançado em 19 de fevereiro, o clipe une animações inspiradas em pop art a uma performance ao estilo Grace Jones, com toques de cultura jamaicana. Berrante, colorido, provocante e indiscreto, o clipe mostra espectadores horrorizados brandindo machados e rangendo os dentes. De acordo com o *Daily Mail*, observar Rihanna "de shortinho, empinar as nádegas de modo provocante na direção da virilha de um homem enquanto cantava 'Rude Boy'... mostraria às jovens uma sexualidade pouco saudável". Outros jornalistas expressaram desaprovação por ter de explicar a seus filhos pré-adolescentes curiosos o que significava "getting it up" ["colocá-lo em pé"] e por que tamanho era importante num namorado.

Mas para Rihanna, que se contorcia num maiô com estampa de zebra numa das cenas, é como vários de seus clipes: "Sombrio, não convencional e forte", além de "muito legal". Ela também continuava desafiadora, colocando mais lenha na fogueira e cantando essa música num medley com "Hard" e "Don't Stop the Music" no prêmio infantil Kids' Choice Awards da Nickelodeon, em 27 de março.

Porém, aos olhos da diretora Melina, enfurecer uma nação era o elogio máximo, quase equivalente a mostrar o dedo médio para a censura. "Quando você faz algo para provocar, geralmente existe uma repercussão", explicou ela. "Será comentado, proibido ou difamado de alguma forma. Mas está tendo um efeito, e as pessoas estão falando sobre aquilo, então, para mim, isso é fazer sucesso."

O clipe de "Rude Boy" foi criticado por motivos que não fizeram bem ao ego: a equipe foi acusada de plagiar o clipe de "Boyz", de M.I.A., mas o single chegou ao primeiro lugar na Austrália e nos Estados Unidos mesmo assim. E quase chegou ao primeiro lugar no Reino Unido também, embora os britânicos preferissem os talentos locais, mantendo o britânico Tinie Tempah no alto da parada, com "Pass Out".

A essa altura, Rihanna tinha aprendido a brincar com as críticas em vez de ficar magoada. No mesmo mês de março, debochando das reportagens que a chamavam de "robótica" e "assexuada" no palco, ela se apresentou no Echo Awards em Berlim com dois robôs.

E a turnê *Last Girl on Earth* mostraria Rihanna assumindo ainda mais o controle de sua imagem e desafiando as tentativas de censura por parte dos críticos. "Gosto de pensar em mim como a última garota na Terra porque às vezes as pessoas tomam decisões com base no ponto de vista dos outros, e, sabe, para mim, a minha vida é só minha. É o meu mundo, e vou vivê-lo do jeito que eu quiser", enfatizou ela no programa *Entertainment Tonight*.

Ela mostrou que isso era verdade quando sua turnê chegou ao Reino Unido, e, de acordo com o *Financial Times*, os fãs descobriram informações sobre o estado mental dela que seriam suficientes para "manter um exército de psicanalistas ocupado por meses". Além disso, ela tinha prometido um conjunto de apresentações "ousado" e de alto orçamento, como seus fãs nunca tinham visto. Não seriam shows certinhos ao estilo de Beyoncé.

"Nunca fizemos uma turnê nessa escala", confirmou Rihanna à AOL. "A produção é inacreditável, e o figurino... estão em outro nível. Tanto em termos de visual quanto de som, será uma evolução grande em relação à última vez. Estamos sempre crescendo."

A preparação para a turnê no Reino Unido teve alguns incidentes: em 19 de abril, Rihanna foi internada após o show em Zurique com uma lesão nas costelas que, por pouco, não virou uma fratura. Ela se recuperou bem a tempo de fazer o show do dia seguinte em Lyon, na França.

Contudo, na estreia no Reino Unido no NEC em Birmingham, o show corria normalmente quando, de acordo com o *Daily Telegraph*, Rihanna "livrou-se de boa parte de suas roupas na segunda música". Contudo, havia mais em jogo do que peças de PVC e látex: ela estava pronta para a guerra. Havia mais atuação ali do que em seriados de ação, com dançarinos carregando facas, imagens de bombas explodindo, homens seminus usando capacetes da Primeira Guerra Mundial e tanques cor-de-rosa fazendo parte da ação. Seria um autêntico visual de guerra se oficiais do Exército carregando sargentos vestidas de dominatrix fizessem parte da rotina militar. Além disso, dificilmente um soldado do mundo real carregaria uma banda de rock a tiracolo.

Alguns adoraram, outros odiaram. Para Rihanna, era apenas uma questão de misturar guerra com glamour e de mostrar a violência decadente, como muitos cantores no estilo gângster emergente já tinham feito, mas com seu toque pessoal. O tom de rosa berrante que decorava os fuzis e tanques sugeria que Rihanna no fundo ainda era uma mulherzinha e tinha seus truques femininos. Porém, seria tolo quem a considerasse um poço de suavidade maternal.

É claro que, para alguns, toda a postura de mulher forte era apenas uma fachada para uma pessoa de bom coração que usava uma persona violenta como mecanismo de defesa para não ser vista como vítima.

Se esse era o objetivo, ela foi bem-sucedida. De acordo com o *Daily Telegraph*, ela "procurou evitar a pena ou a vitimização remodelando-se totalmente como uma mulher forte". E, o About.com insistiu: "Ela projeta uma imagem feminina dominante, exatamente o que precisava para superar o infeliz episódio com Chris Brown."

Mas a turnê não foi apenas uma extravagância visual. Assim como para o homem de quem ela falava em "Rude Boy", a questão ia além de ter boa aparência. Seria necessário oferecer um bom show, e Rihanna estava pronta para o desafio. Depois de ter aulas de bateria com Travis Barker, do Blink 182, ela tocou uma versão de "The Glamorous Life", originalmente composta por Prince para sua então baterista, Sheila E., além de regravar "Wonderwall", do Oasis.

Rihanna entretinha o Reino Unido sem deixar os fãs norte-americanos na mão, tendo lançado o clipe de "Rockstar 101" por lá no dia 1º de junho. Ela queria retratar a fantasia rock' n' roll de modo autêntico e estava desesperada para conseguir um verdadeiro astro do rock que aceitasse participar do clipe. O ex-guitarrista do Guns N' Roses, Slash, participou da faixa, mas a primeira escolha de Rihanna para o vídeo tinha sido o baixista do Mötley Crüe, Nikki Sixx. Nikki recusou, escrevendo em seu twitter que "respeitosamente disse não".

Rihanna, então, recorreu a Nuno Bettencourt, que disse ao *Globe*: "Ela nunca tinha tocado guitarra antes... mas quando a conheci ela me disse que seria legal fazer isso ao vivo e ficava imitando os movimentos de um guitarrista. Então eu perguntei: 'Por que você não toca guitarra no clipe?' Ela riu, e continuei: 'Eu ensino você a tocar a música.' Agora ela tem mais pinta de roqueira do que eu tocando guitarra!"

Contudo, isso ainda não era o bastante para Rihanna, cujo pensamento se voltara novamente para Slash. Infelizmente, a agenda dele estava cheia demais para permitir que fizesse as honras pessoalmente. A essa altura, Rihanna fora rejeitada por vários guitarristas. Alguns acharam que isso prejudicaria a credibilidade roqueira deles, enquanto outros estavam ocupados. Por isso, ela decidiu fazer o papel de Slash.

"Ela foi mesmo uma graça", elogiou Slash à *Star Pulse*, dizendo-se lisonjeado com a imitação. "Ela mandou uma mensagem pedindo que eu participasse do clipe, mas não pude. Eu disse a ela que o clipe faria sucesso independente da minha presença."

E continuou: "O clipe ficou bem melhor com ela me interpretando do que se eu estivesse lá... Parando para pensar, isso trouxe um elemento de sexualidade que eu provavelmente não teria sido capaz de demonstrar. Achei sexy e mandei um SMS dizendo que definitivamente ficava mais sexy com ela me interpretando... Tudo aconteceu como tinha de ser."

A imagem de Rihanna era tudo menos conservadora para o clipe, usando uma peruca de cabelo comprido e encaracolado, além de uma cartola para imitar Slash numa cena, e aparecendo totalmente nua em outra, ainda que coberta por uma pintura corporal preta, visual que mais uma vez enfureceu os pais de seus fãs. "Sinto falta da Rihanna de *Good Girl Gone Bad*, que ficava vestida e ainda fazia música boa", escreveu um deles num blog.

"Hoje em dia, toda cantora tenta ser polêmica para se destacar... Às vezes é melhor ser apenas normal." Outro blogueiro atacou: "Se ela fosse realmente talentosa, não precisaria chocar os outros."

Contudo, Rihanna acreditava ser a mesma de sempre. Ela disse à Universal Music Malaysia: "As pessoas acham que meu estilo é sexy demais. É o que sempre dizem, mas isso não é algo novo. Venho usando roupas desse tipo desde meu primeiro clipe, em que eu estava com um top, jeans largos e a calcinha aparecendo. Sempre gostei de arriscar. Gosto de ser ousada e corajosa, é por isso que faço essas escolhas de visual."

E de acordo com a *Billboard*, o apelo à sensualidade estava prestes a aumentar ainda mais: o site publicou que ela "tinha preparado um clipe muito mais sexy que 'Rockstar 101' para os fãs do exterior."

A música era "Te Amo", que mostrava Rihanna sendo incansavelmente perseguida por uma admiradora apaixonada. O Digital Spy se referiu à sequência de cenas sexy comentando: "Rihanna está dando uma merecida pausa nos vídeos em que atrai a atenção dos homens e agora se vê objeto do afeto de outra moça." A moça em questão é a modelo Laetitia Casta, e o cenário, o Chateau de Vigny, castelo francês que serviria de esconderijo para o amor lésbico das duas no clipe.

Alguns reclamaram que Rihanna estava flertando com a bissexualidade pelos motivos errados. Cantoras vinham fazendo experiências com a paixão entre meninas desde pelo menos 1995, quando a artista lésbica Jill Sobule lançou uma música chamada "I Kissed a Girl", que foi considerada indecente e banida das rádios. Contudo, outra música com o mesmo nome entrou nas paradas. Interpretada por Katy Perry, foi recebida de braços abertos e vendeu milhões, tal como aconteceu com uma canção de 2001 que tem o mesmo tema: "All The Things She Said", da dupla t.A.T.u.

No entanto, não só Katy era uma filha de pastor que jurava jamais ter ido além de um flerte e de um beijo "inocente" na vida real, como as meninas do t.A.T.u. não eram lésbicas: uma delas acabou com a faixa pouco tempo depois ao ter um filho. Em 2010, Lady Gaga e Beyoncé fizeram um dueto em "Telephone", cujo videoclipe mostra um romance fictício e potencialmente sadomasoquista entre elas. Nele, Gaga foge da prisão com sua nova amante, que diz a ela: "Você foi uma garota muito malvada." Pouco tempo depois, Gaga apareceu na capa da revista *Q* usando uma cinta com um pênis artificial.

Vale lembrar que Beyoncé tinha falado à imprensa anos antes que jamais pensaria em beijar outra mulher porque achava "errado" e era contra suas crenças religiosas de cristã devota. Enquanto isso, qualquer possibilidade de romance na vida real entre Rihanna e Laetitia parecia descartada pelo fato de a modelo ser casada e ter três filhos.

Quanto a Rihanna, seria ela realmente bissexual, ou só estava embarcando na onda *lesbian chic*? Ela estava sendo sincera ou apenas interpretando um personagem, como tantas fizeram antes dela?

A DJ nova-iorquina Angie Martinez abordou o assunto antes mesmo de o single ter sido lançado quando viu fotos de Rihanna acariciando os seios de uma amiga na internet. E essa não era a única foto. "Existem um monte [dessas fotos] pela internet!", riu Rihanna. "Eu sou meio desprovida deles, então sempre que vejo um bom par de peitos, eu passo a mão. Mulheres são lindas. Não gosto delas no sentido sexual, mas são lindas. Garotas só querem se divertir."

Mesmo negando ser bissexual, Rihanna parecia estar acalentando a ideia após gravar "Te Amo". Ela disse ao *News of the World* que tinha uma queda por Cheryl Cole: "Eu a conheci pessoalmente! Ela é muito gostosa! Eu lembro que sempre prestava atenção nela nos clipes do Girls Aloud porque era a mais bonita!"

O entusiasmo dela por outras mulheres passou de leve a extremo quando Rihanna revelou ao *Mirror* o seu desejo de interpretar a namorada de Megan Fox num filme: "Todos os humanos nascem com a capacidade de sentir atração pelos dois sexos", disse ela. "Quer dizer, eu consigo me ver num relacionamento com uma mulher." E continuou: "Adoraria interpretar [o papel de] uma assassina. Ou então ou uma lésbica. Talvez os dois! Olha só, uma assassina lésbica, não tem nada mais sexy do que isso. Megan Fox poderia interpretar minha namorada, sem dúvida! Ela é gata. E bem gostosa."

Será que Rihanna estava entrando na onda da bissexualidade apenas para divulgar "Te Amo" ou estaria demonstrando desejos latentes que simplesmente aumentaram ao longo dos anos? Afinal, ela foi coautora da música de um álbum que, segundo a própria barbadiana, era o mais representativo em termos pessoais de toda a sua carreira. A modelo Tajah Burton posteriormente publicou uma biografia falando de um caso de amor com uma "artista de pop e R&B de Barbados" identificada por muitos como Rihanna, algo que a cantora se recusou a confirmar ou negar.

Fosse qual fosse a verdade, o mundo estava falando de Rihanna. Enquanto isso, a carreira de Cris Brown continuava se autodestruindo: ele foi proibido de entrar no Reino Unido para uma turnê por ser fichado por agressão e, semanas depois, se debulhou em lágrimas ao cantar uma versão de "Man in the Mirror", de Michael Jackson.

Rihanna parecia ter ressurgido de modo triunfante, especialmente quando o amigo dela Ne-Yo doou os lucros de sua música "Heroes" à instituição de caridade, a Respect, em prol de mulheres que sofrem da violência doméstica. Rihanna também arrumou um novo namorado, o astro do beisebol Matt Kemp, embora ainda fosse incerto se essa era uma boa escolha. Felisha Terrell, atriz que saíra com Matt anteriormente, escolheu essa mesma época para acusar o jogador de ser um agressor violento e dizer que pedira uma ordem de restrição contra ele. Na solicitação da ordem, ela alegou que ele teria sido expulso de uma boate por brigar com uma mulher e expressou seu temor "de que o comportamento dele se voltasse contra mim".

Apesar disso, Rihanna parecia estar segura e feliz. Numa entrevista, ela brincou com o maquiador, a quem tinha pedido para usar corretivo num hematoma na perna, dizendo: "Exagerei no sexo ontem à noite! Estou brincando!" Sem se preocupar com os hematomas, ela parecia finalmente ter deixado o passado para trás.

Capítulo 8

O AROMA DA REBELDIA

Rihanna não só superou o capítulo da violência doméstica em sua vida como também o subverteu. Os fãs assistiram de boca aberta quando ela e Eminem se uniram numa representação bastante pública de um relacionamento perigoso. O título da música já diz tudo: "Love the Way You Lie" [Adoro o jeito como você mente]. A faixa foi lançada no dia 4 de julho. Em poucas horas, teve milhões de acessos no YouTube, chegando a 18 milhões em cinco dias, e foi a música mais vendida no Reino Unido em 2010. Mas o que essa música tem para ter chamado tanta atenção?

Rihanna canta sobre a linha tênue entre a paixão desenfreada e a violência física, falando de como a raiva de um homem às vezes pode ser sentida como uma demonstração lisonjeira de ciúme possessivo. Não foi a primeira vez que a música pop abordou esse assunto perigoso: em 1962, a famosa dupla de compositores Gerry Goffin e Carole King fez uma música chamada "He Hit Me (It Felt Like a Kiss)" para o grupo feminino The Crystals. Nela, a protagonista anseia pela violência do amado, como prova de que é uma mulher desejável. Quando ela é vista com outro homem, deseja a fúria dele. Ela considera a ira e o ciúme como provas de amor; sem isso, teme perder o afeto do namorado.

A diferença agora era que a própria Rihanna já fora vítima de violência doméstica e trabalhara com afinco para garantir que o conhecimento público sobre o ocorrido naquela noite não ofuscasse sua obra como artista. Por que, então, ela quis gravar essa música? Talvez fosse porque ela precisava dar sua explicação sobre relacionamentos violentos.

A teoria popular vê esse tipo de relação como volúvel, um drama entre dois parceiros excessivamente dependentes em busca de atenção que na verdade são profundamente inseguros. Os psicanalistas podem ter tentado de tudo para revelar os mistérios de relacionamentos agressivos, mas quem melhor para descrevê-los do que duas pessoas que já passaram por algo semelhante?

Eminem também fora manchete anos antes ao escrever uma fantasia de assassinato numa letra e batizá-la com o nome da esposa, Kim. No início da música, ele fala suavemente com a filha pequena dormindo no sofá, mas logo muda de humor quando descobre a traição da esposa, que destruiu o sonho de família perfeita alimentado por ele. É quando a violência começa.

Andando na linha tênue entre amor torto e obsessão extrema, ele diz repetidamente que a odeia antes de ter um ataque de nervos e perceber o quanto a ama. Mas isso não aplaca a fúria, pois ele a leva para um local afastado e tenta jogá-la para fora do carro. Seguem-se estrangulamentos, gritos, tapas, puxões de cabelo e ameaças com faca. Por fim, ouvem-se sons de sufocamento, enquanto Eminem clama pelo sangue dela.

Pode parecer chocante, mas isso acontece. Em alguns relacio namentos, esses extremos de fúria realmente ocorrem, e o grande volume de vendas do disco indicou que muitas pessoas se identificaram com a situação.

A verdade das emoções complexas e problemáticas na música se baseia no relacionamento de Eminem com a então esposa, Kim Scott. Eles tinham se casado e se divorciado duas vezes. Por mais que ele a humilhasse publicamente, dizendo ao mundo que batia nela e que o faria de novo, ela não conseguia deixá-lo. Kim nunca participou da lavação de roupa suja, mas — como Rihanna em "Rude Boy" — ela foi a um programa de rádio criticar o desempenho sexual dele. Os dois terminavam e depois se reconciliavam, sempre retomando a relação no fim das contas. E não era a fama de Eminem que levava Kim a ficar com ele: os dois namoravam desde o início da adolescência. Eles tinham uma legítima relação perigosamente viciante.

Rihanna ficou intrigada com as ideias de Eminem, dizendo a' MTV: "Ele é muito misterioso. Fico curiosa para saber o que acontece em seu mundo. Acho que eu poderia fazer um milhão de perguntas para ele em um dia."

Ela também achava que fazer uma parceria com ele numa música sobre agressão seria sua oportunidade de se expressar: "Eu sabia que se ele me mandasse uma música teria algum motivo oculto", disse Rihanna, ao *Access Hollywood*. "Não poderia ser só 'Ah, claro! Ela teve aquele relacionamento, então precisamos chamá-la!' A letra era tão profunda, linda e intensa... Era algo que eu entendia e com o qual me identificava."

Mas o que o público pensaria e o que assimilaria daquilo? Será que a dupla estava justificando a violência, aceitando-a como parte de um ardente caso de amor nos momentos em que um provoca o outro? Ou estariam espelhando os males da sociedade? Seja qual for a opção, a dupla conseguiu conquistar o mundo da música.

No clipe, Eminem está pronto para cometer o ato final de vingança: se ele não pode tê-la, ninguém mais terá. Enquanto a casa deles pega fogo, num incêndio causado pelo amante ciumento de Rihanna, ele faz um rap implorando para ser aceito de volta. Mesmo prometendo mudar e nunca mais encostar um dedo nela, os dois parecem saber que ele está mentindo. A letra retrata o comportamento dele como tão viciante em termos sexuais ou emocionais que ela arriscaria a vida para ficar a seu lado.

Alguns grupos contra a violência doméstica ficaram frustrados por achar que o vídeo destruía todos os esforços feitos para se divulgar a mensagem de que o amor não deve envolver violência. Afinal, o clipe mostrava dois grandes astros da música, além de Megan Fox, atriz famosa por sua sensualidade. E uma vez que foi feito para ser uma produção comercial, será que isso tornaria a violência normal para as massas? Alguns críticos o compararam ao filme estrelado por Jessica Alba, *O assassino em mim*, no qual a personagem dela foi espancada quase até a morte por um homem que troca palavras carinhosas com ela durante o processo. As últimas palavras ditas pela vítima antes de perder a consciência são: "Eu te amo." Jessica depois disse à imprensa que sua personagem era uma mulher com "desejo de morte" que "finalmente encontrara alguém que foi homem o bastante para ir até o fim".

Para alguns, o filme retratou surras sangrentas como uma expressão aceitável e máscula de amor. O *Daily Telegraph* comen tou que "provavelmente até o [serial killer] Raoul Moat teria uma opinião mais progressista sobre o assunto". Os críticos acharam que filmes de grande orçamento estavam tornando a violência atraente sem pensar em quem sofre todos os dias vivendo casamentos agressivos. Será que as pessoas oprimidas que se mantêm em relacionamentos devido à pobreza, aos filhos ou por medo de represálias gostavam de como aquilo doía, tal qual na música?

Outros discordaram, acreditando que Rihanna e Eminem tinham dado voz às pessoas agredidas ao expor o que acontecia com eles na vida real. Para alguns, era até romântico retratar um amor que se autodestruíra, mas que era forte e sincero mesmo assim. Um amor em que o casal faria de tudo para ficar junto. Talvez o clipe dê um pouco de humanidade a todos os envolvidos, retratando as emoções desesperadas e dolorosas que são nutridas pelos dois e mostrando que eles apenas precisam de ajuda.

Enquanto isso, Rihanna se recusava a ser criticada por falar sobre o que já sofrera, dizendo ao *Access Hollywood*: "Foi algo que nós dois vivemos, em lados diferentes da situação. [Eminem] basicamente explicou como funciona o ciclo de violência doméstica, assunto sobre o qual as pessoas não têm muito conhecimento."

Agora elas tinham: a música estreou em primeiro lugar na parada de Canções Digitais da *Billboard* e chegou ao segundo lugar na parada de singles do Reino Unido. Ela também chegou ao topo das paradas na Dinamarca, na Noruega, na Suécia, no Canadá, na Irlanda, na Austrália e na Nova Zelândia. E entrou para a história das paradas até na notoriamente conservadora Coreia do Sul, onde a faixa foi a terceira mais vendida de um artista estrangeiro em todos os tempos.

Mas para garantir que os fãs tivessem uma visão equilibrada dos eventos, Rihanna gravou uma segunda versão em seu quinto álbum, "I Love the Way You Lie (Part II)", onde ela faz o vocal principal, demonstrando assim o ponto de vista dos dois lados.

Contudo, ela não teve muito tempo para prestar atenção às reações, pois estava trancada no estúdio, dando os últimos retoques no quinto álbum. Ela manteve uma presença quase contínua nas paradas por vários anos porque, ao contrário dos artistas que fazem longos intervalos entre um CD e outro, Rihanna quase não parou.

Essas sessões de gravação foram particularmente caóticas por acontecerem durante seu primeiro trabalho como atriz num filme de grande orçamento: a ficção científica *Battleship — A batalha dos mares*, baseada no jogo batalha-naval e estrelada por Liam Neeson, lançado em 2012.

Provavelmente temendo um processo, o diretor do filme, Peter Berg, teve o cuidado de chamar um especialista em armas no primeiro dia de filmagens para evitar que Rihanna acidentalmente explodisse a própria cabeça. Quando soube disso, ela quase morreu de rir: "Tive treinamento com armas no acampamento dos cadetes quando era adolescente!", exclamou ela ao *Times*. "Eu sei marchar, atirar, fazer exercícios militares. Meu papel no filme é ser a durona que sabe lidar com armas, [mas] nem precisei interpretar. Eu sou durona na vida real."

Ela deixou isso bem claro desde o início das filmagens, garantindo à *Billboard*: "Eles sempre queriam que eu ficasse de fora nas cenas perigosas, mas sou muito controladora, então recusei." E continuou: "Minha parte favorita foi filmar no oceano. Estávamos a toda a velocidade, e eu tinha que atirar com uma arma realmente poderosa na frente do barco. Fiquei com a boca cheia de pólvora quando acabei de gravar." Madonna pode ter usado sapatos com saltos em forma de revólver, mas Rihanna levava o estilo "militar chique" a outro patamar, usando armas de verdade em vez de simulá-las. Ela também se gabava da tatuagem com desenho de pistola, dizendo a todos que o desenho simbolizava "poder e força".

Como se quisesse provar ter essa força, além de conciliar as filmagens com a gravação do novo álbum, ela também estava em turnê pelo mundo com seu imenso tanque cor-de-rosa. E queria unir tudo isso e capturar o clima de batalha no CD. Assistentes apavorados seguiam Rihanna em todos os lugares no cenário de

Battleship, certificando-se de que ela estava em segurança, mas eles nem precisavam ter se preocupado, pois condições muito mais desgastantes ainda estavam por vir. Os salários multimilionários não faziam com que as sessões de gravação fossem mais glamourosas ou que consumissem menos tempo. Um ônibus parado em estacionamentos repletos de urina era o estúdio provisório durante a turnê onde, sempre exausta depois dos shows, ela passava as primeiras horas da manhã gravando.

"Nós levamos um ônibus-estúdio para a turnê e depois de cada show a gente gravava num estacionamento vazio até as 5 horas da manhã", disse ela ao *Sunday Times*. "Aí a gente voltava para o ônibus e dormia algumas horas. Todas as tardes eu tinha aula de atuação; toda noite, um show de duas horas seguido por outra sessão no estúdio. Alguns estacionamentos fediam a mijo. Nunca me esquecerei de um deles. Parecia que caminhoneiros mijavam ali desde sempre, e eu tive de prender a respiração quando corri do ônibus do estúdio para o da turnê!"

Talvez ela exigisse muito de si mesma, e era igualmente exigente com seus compositores. Rihanna fazia questão de ter sucessos personalizados, diferentes do estilo de outras cantoras, e, para garantir isso, sua equipe contratou mais de cem produtores e compositores, que eram colocados em "acampamentos de compositores," quase tão desgastantes quanto o acampamento de verão de que ela participou com os cadetes. Até veteranos como a dupla Stargate descreveram as condições de trabalho como "extremas".

"A gente dava a eles uma orientação básica e uma série de tópicos", descreveu Rihanna à *Billboard*. "Nós colocávamos dez compositores numa sala e cinco na outra com um produtor, depois separávamos os grupos e os colocávamos com outro produtor."

Rihanna queria ir mais longe naquele álbum e levou alguns compositores antigos que já tinham trabalhado com ela em várias músicas para participar dessas sessões, mas não havia favoritismo. Não havia garantia de que as músicas deles seriam escolhidas, a menos que se destacassem das outras e "só pudessem ser de Rihanna".

"Eu não queria música pop genérica que pudesse ser gravada por Ke$ha, Lady Gaga ou Katy Perry e dar certo. Queria músicas que somente eu pudesse fazer, que tivessem aquele clima das Antilhas, um certo estilo, com ousadia e vigor", disse Rihanna à MTV. "É fácil cantar uma música que qualquer outra pessoa poderia interpretar."

Uma Rihanna sem papas na língua foi obrigada a explicar o destempero verbal quando tais declarações chegaram à internet. Ela estaria desprezando suas colegas, considerando-as cantoras pop fabricadas, sem talento e sem estilo próprio? Ela abordou diretamente as acusações numa entrevista à revista alemã *Bravo*, insistindo: "Katy é minha amiga! Eu jamais falaria mal dela. Não a vejo como rival. Minha única rival sou eu mesma, porque sempre quero melhorar mais. Eu falei dos produtores que davam a cantoras como Katy, Lady Gaga e Ke$ha sempre o mesmo tipo de canção pop. Eles acham que alguma delas vai transformá-la num single, mas não percebem que cada uma tem seu próprio estilo."

Ela acreditava que para alguns produtores o sucesso era definido por um estilo de música pop devidamente testado e aprovado. Por exemplo, "California Gurls" de Katy Perry, e "Tik Tok" de Ke$ha, dominaram as paradas ao mesmo tempo, tinham o mesmo coautor e um refrão parecido. "É fácil pegar uma batida dançante, jogar uma letra por cima e chamar de sucesso", debochou ela em entrevista à MTV. As duas músicas venderam milhões, mas Rihanna procurava algo diferente.

"O mais importante é ser feliz e verdadeira consigo mesma", disse ela à *Marie Claire*. "Não quero olhar para trás daqui a trinta anos e dizer 'Fiz tudo para deixá-los felizes e nem aproveitei'. Quero ser capaz de dizer que as pessoas gostavam de mim pelo que sou... o álbum é o mais Rihanna possível em termos de som, energia, aparência, vibração, letras e toque das Antilhas. Tudo nele foi feito para mim, e ninguém mais poderia ter gravado essas músicas, e foi por isso que adorei o álbum!"

Uma dessas canções singulares é "Man Down", que tem o sabor do Caribe. Antes, Lily Allen e Gwen Stefani tinham sido as únicas artistas de sucesso a fazer experiências com reggae, ainda que misturado com pop numa sonoridade mais diluída. Rihanna queria ver o reggae puro e inflexível, não uma versão "diet", fazendo sucesso comercial, e "Man Down" foi sua escolha para isso.

A letra mostra Rihanna arrependida num momento e depois jurando que se for passada para trás, vai direto pegar uma arma. Ela interpreta uma personagem complexa, que lida com suas emoções após ter matado um homem. Porém, como em "Unfaithful", o assassinato é uma metáfora para o crime menos grave que é destruir a vida de alguém. "A música fala de abandonar um cara e partir o coração dele", explicou ela ao *Times*. "Eu jamais usaria violência. Quem já foi magoado sabe que a dor é tão real quanto a de um tiro."

Será que Rihanna já tinha estado desesperadamente apaixonada e tido o coração partido, ou ainda era jovem demais para isso? Ela descreveu Chris como seu "primeiro amor verdadeiro", mas depois declarou à *Glamour* que "seria realmente chato" se não conseguisse achar "o cara certo" nos próximos dez anos e chegasse aos 31 sem nunca ter se apaixonado.

Ela preferiu fazer uma abordagem mais leve sobre o amor em "What's My Name?", uma ode "jovem e divertida" a um homem que não erra na cama. Achando que a música não estaria completa sem um convidado especial para interpretar o misterioso rapaz,

Rihanna assumiu o controle e procurou um parceiro, tendo em mente o ator canadense e artista de hip-hop Drake. Sua abordagem foi tão direta quanto a utilizada por ela com os autores de "Umbrella", e a persistência funcionou: Rihanna o cercou nos bastidores de um evento e exigiu que ele ouvisse a música ali mesmo. O coautor Tor Erik Hermansen, do Stargate, disse à *Billboard*: "Ela me ligou dizendo: 'Onde estão os arquivos das músicas?' É o tipo de coisa que você geralmente não ouve de artistas do nível dela."

Rihanna explicou: "Drake é o rapper do momento agora... É o único que realmente poderia entender a melodia da canção, e assim que ele ouviu, disse: 'Já sei exatamente o que vou fazer. Adorei.'" O resto todos já sabem.

Enquanto isso, a mistura de country, rock e reggae animadinho aparece em "Cheers (Drink to That)". Se um pub country do Alabama fosse tomado por um terremoto musical, como no clipe de "Black or White", de Michael Jackson, e fosse empurrado na direção da Jamaica, teria essa sonoridade. *Samples* de "I'm with You", de Avril Lavigne, adicionaram à mistura o rock leve da indisciplinada artista pop adolescente do Canadá.

A faixa "Raining Men" também tem um toque caribenho, e conta com a colaboração da confiante rapper Nicki Minaj. Além do mais, caso Rihanna se cansasse da eterna chuva de homens disponíveis e resolvesse sacar o guarda-chuva, Nicki talvez se interessasse. "A gente ainda não está tendo um romance", brincou a rapper em uma entrevista. "Mas existe uma possibilidade, porque ela é danada. Seria um casal totalmente surtado e poderoso no mundo das mulheres."

Rihanna expande ainda mais as fronteiras com "S&M", audaciosamente revelando um gosto por chicotes e correntes. Mas nem tudo tem a ver com sirenes de polícia, práticas sexuais lascivas e relacionamentos; o álbum também tem alguns momentos de ternura.

Em "Fading", que conta com um *sample* de "One by One", de Enya, um soul suave, Rihanna relembra o momento no qual Chris finalmente virou parte do passado, enquanto "Skin" é uma balada de voz sussurrada com um longo solo de guitarra no fim.

"California King Bed", por sua vez, é um hino com toques de rock, mais parecendo um rock familiar do que uma canção de Rihanna, mas a intenção era justamente deixar os ouvintes com a pulga atrás da orelha. "Complicated" lembra o estilo de Kelly Rowland e é endereçada a um namorado incrivelmente difícil de amar.

Fechando o CD, "Only Girl in the World", que seria o primeiro single do álbum e representa a nova persona corajosa da cantora. Lançada em 10 de setembro de 2010, ela chegou ao primeiro lugar em 16 países, entre eles Estados Unidos, Reino Unido, Austrália e Canadá. Enquanto isso, o estilo de Rihanna mudou tanto quanto o som. "Muita gente se veste como a Lady Gaga agora", disse ela à *Billboard* em tom de chacota. "Adotei um estilo totalmente novo."

Um dos motivos para ter feito isso foi ver todos usando as mesmas roupas. "O negócio das ombreiras e o visual arquitetônico está sendo muito usado na moda", disse ela, sem muito interesse. "Parei com isso. Agora eu gosto de estampas florais, algo de que nunca tinha gostado [antes]. Tendências são chatas, é chato ver todo mundo fazendo a mesma coisa."

Não houve muita oportunidade para que Rihanna seguisse o padrão ou ficasse igual às outras, mas, como forma de precaução — e para se destacar ainda mais da multidão —, ela adotou um cabelo vermelho, com longos cachos. "É realmente berrante e libertador", descreveu ela. "Não é uma cor muito discreta e realmente chama muita atenção, tanto positiva quanto negativa. Mas eu adoro... é bem expressivo e ousado. E também é divertido botar uma cor ridícula no cabelo. Foge do comum."

A exclusividade não durou muito tempo. Para surpresa da barbadiana, os fãs correram aos cabeleireiros do mundo inteiro pedindo o cabelo da Rihanna. A fascinação do público em recriar seu estilo poderia ter frustrado uma mulher que não conseguia seguir tendências, mas ela se sentiu lisonjeada quando várias empresas começaram a pedir que ela fosse o rosto de uma nova linha de roupas com seu nome. Ela tinha abandonado sua famosa imagem de menino para chegar a um estilo mais feminino, ansiosa para que sua aparência e sua música "gritassem que ela era uma garota". E as lojas estavam ainda mais ansiosas para acompanhá-la nisso.

Porém, Rihanna não queria fazer parte de algo apenas no nome. Ela achava que ter um olhar aguçado, mais de quinhentos pares de sapatos e um suposto status de segunda maior gastadora de todos os tempos na loja nova-iorquina Barney's a qualificavam para ser a chefe. "Eu já poderia ter uma linha com o meu nome, mas sou teimosa", explicou ela ao *Sunday Times*. "Muitas empresas querem colocar meu nome num produto e me dar uma grande quantia, mas se meu nome está lá, eu é que devo fazer o design."

Ela mostrou seu novo visual no clipe de "Only Girl in the World", onde aparece sozinha num deserto usando roupas com estampas florais e uma grande rosa falsa cor-de-rosa. "Filmamos em paisagens a poucas horas de Los Angeles", disse ela à MTV. "Foi muito surreal. Parecia falso, como se tivesse saído de um cartão-postal... O clipe mostra uma paisagem imensa, e a única pessoa lá sou eu."

Logo em seguida veio "Who's that Chick?", uma faixa de David Guetta em que Rihanna faz os vocais principais. Ela marcava o novo posto de Rihanna como embaixadora do Doritos, e o fabricante do salgadinho produziu dois vídeos: a versão diurna mostrava uma Rihanna angelical, e a noturna, uma personagem gótica.

Enquanto isso, o clipe oficial, também com David Guetta, mostra Rihanna usando meias rosa-chiclete, kitsch. Parecendo uma mistura de parque temático da Disney com as fantasias de doces da amiga Katy Perry, foi o mais longe da antiga imagem de garota durona que ela conseguiu chegar.

Para completar, ela começou a falar de si mesma na terceira pessoa, comentando: "Ela é incrível" e "A próxima etapa na revolução de Rihanna é perfeita para nós". Em qualquer outro contexto, suas múltiplas personas poderiam indicar um distúrbio digno de tratamento psiquiátrico, mas no mundo pop parece um rito de passagem quase obrigatório.

Beyoncé tinha um alter ego, uma gêmea malvada chamada Sasha Fierce, que seria responsável por seu lado mais sexy e feroz. De acordo com Beyoncé, ela só aparecia em ocasiões especiais, como datas de lançamentos de álbuns. Porém, enquanto Beyoncé era totalmente certinha no dia a dia, Rihanna parecia ser malcomportada o tempo todo. Tendo isso em mente, talvez esse lado mais inocente e feminino de Rihanna fosse seu alter ego, a gêmea que raramente aparecia. Mas o fato de esse lado angelical aparecer apenas de vez em quando e a versão diabólica ser mais presente era justamente o motivo pelo qual muitos fãs a amavam.

O dueto com Drake foi lançado em 29 de outubro de 2010 e subiu gradualmente nas paradas, chegando ao primeiro lugar tanto nos Estados Unidos quanto no Reino Unido.

Apesar disso, Rihanna não foi fiel a Drake por muito tempo, e a evidência dessa infidelidade ficou estampada nas telas de TV do mundo inteiro. Enquanto o clipe de "What's My Name?" mostrava a cantora aos amassos com Drake na MTV o tempo todo, em 6 de novembro ela mudou de parceiro e passou a flertar com

Jon Bon Jovi. Rihanna fez uma aparição surpresa no MTV Europe Music Awards em Madri para um pré-show, juntando-se ao roqueiro para cantar o refrão de "Livin' on a Prayer".

Rihanna, que na ocasião usou um vestido transparente vermelho, acariciava sugestivamente o peito do vocalista da banda, lançando olhares para ele na frente de uma multidão estupefata. Ela também aumentou seu conceito no universo rock' n' roll mostrando a língua e fazendo gestos obscenos para a câmera.

Após trabalhar com Nuno Bettencourt, ela foi muito procurada no mundo do rock, mas ainda ficava imensamente lisonjeada com a atenção recebida: "Quando soube que o Bon Jovi queria que eu cantasse com ele, eu surtei. Nem consegui acreditar", exclamou ela, antes de postar no twitter: "Espera aí! Eu caí mesmo no rock com Bon Jovi ontem?"

Por sua vez, *Loud*, lançado em 16 de novembro, representa uma volta à sua marca registrada musical e é o primeiro álbum desde *A Girl Like Me* a ter forte influência de dancehall e reggae. Também foi um retorno à boa forma, pois as vendas na primeira semana foram levemente maiores que as de todos os álbuns lançados por ela até então. Evan temeu que *Rated R* pudesse afastar o mercado R&B de Rihanna por ela ter abandonado o estilo musical que lhe dera um bom número de fãs. Esse foi, certamente, o CD com menor sucesso da carreira: mesmo com vendas boas, não se igualaram às de *Good Girl Gone Bad*.

Com *Loud* foi outra história. Em dezembro, a presença implacável de Rihanna nas paradas continuou, com três músicas na parada de singles do Reino Unido ao mesmo tempo: "Only Girl in the World", "What's My Name?" e "Who's that Chick?" nos sétimo, oitavo e nono lugares, respectivamente.

No mês seguinte, ela avançou ainda mais, juntando-se a Kanye West em "All of the Lights", single lançado em 18 de janeiro para o quinto álbum dele, *My Beautiful Dark Twisted Fantasy*. Curiosamente, a letra de Kanye fazia uma referência a "doing time" [cumprir pena] por "slapping my girl" [bater em minha garota]. Os créditos da música pareciam um resumo das paradas, com vocais de Alicia Keys, Fergie, Elton John, Kid Cudi e, claro, Rihanna.

Mas Rihanna não se dedicava apenas à música naquele momento. Seu projeto de dominação do mundo incluía a criação de sua própria linha de roupas — de acordo com os boatos, dando uma abordagem moderna ao estilo chique de inspiração militar.

Ela também diversificou sua atuação rumo à arte, lançando um livro de fotografias chamado *The Last Girl on Earth* [A última garota na Terra], no qual o diretor criativo Simon Henwood tentou abrir a porta para o mundo secreto da cantora. O livro foi descrito como um "passe para os bastidores" do conceito por trás da turnê, inspirada no filme de ficção científica da década de 1970, *A última esperança da Terra*. Nele, a guerra biológica dizima a população do planeta, deixando apenas um sobrevivente. O cientista sortudo tinha aplicado em si mesmo uma vacina que o protegeu, mas descobre que tinham restado outros habitantes no mundo, que queriam matá-lo. O filme acompanha a vida dele num apartamento repleto de armas de fogo e explosivos, driblando a morte até o fim.

Embora Rihanna tenha baseado a turnê nesse tema, houve uma exceção: ela era uma super-heroína; logo, haveria belas roupas. O estilista parisiense Alexandre Vauthier, que tinha recusado convites para trabalhar com Lady Gaga, foi responsável pelo figurino usado por ela.

"Ele só trabalha com quem se encaixa no mundo dele", explicou Simon Henwood. "No fim das contas, um estilista quer que suas criações sejam vestidas por quem lhes dê vida, e não por quem as use como fantasias. Foi por isso que ele não vestiu Lady Gaga."

O livro mostra a jornada de Rihanna pelos mundos da moda, da arte e da música, lutando com os críticos, claro, até chegar ao produto pronto e acabado: sua turnê mundial. Foi uma oportunidade de divulgar o "sonho obscuro" que era o mundo dos bastidores. As fotos mostram Rihanna em carros, sets de filmagem de clipes, quartos de hotel e até participando de desfiles de moda.

Enquanto o diário de fotos de Rihanna feito para o álbum *Rated R* se espalhava pelo mundo, ela já estava promovendo *Loud*. Em dezembro, ela se apresentou na final do reality show do Reino Unido *The X Factor*, juntando-se a Matt Cardle, de Essex, que acabaria vencendo o programa, para um dueto de "Unfaithful". Diante da figura longilínea, flexível e que parecia uma estátua, Matt ficou meio atrapalhado, confessando depois ter uma grande queda por ela. "Na verdade eu fiquei pensando: 'Não posso ter uma ereção!'", confessou ele à MTV. "Eu estava com calças muito finas e pensei: 'Por favor, por favor, por favor.' Eu ficava: 'Margaret Thatcher, Margaret Thatcher!'" Mas o sentimento não foi recíproco, e Rihanna riu muito da ideia de romance e o dispensou, considerando o rapaz "fofo".

Na verdade, o assunto do momento não foi a química com Matt, e sim o show dela que, com direito a movimentos pélvicos e danças sugestivas, foi ao ar antes das 9 horas da noite, ainda no horário adequado para crianças. Junto com a dança burlesca de uma pouco vestida Christina Aguilera, as apresentações constrangeram os pais que assistiam ao programa considerado familiar. A manchete do *Daily Mail* dizia: "Não precisamos de ninfas loucas por sexo antes do horário da programação para adultos." No dia seguinte, o jornal publicou fotos da apresentação, dizendo: "Pedimos desculpas aos leitores, mas é preciso ver as imagens para entender a fúria que elas causaram."

Uma Rihanna confusa, que achou a apresentação erótica, mas não indecente, ficou perplexa com a chuva de quase três mil reclamações que chegou ao órgão responsável pelo controle da programação de TV, Ofcom. Após análise, as cenas não foram consideradas inadequadas, mas o furor causado levou o governo a investigar a programação transmitida no horário adequado para crianças. Após gravar "Te Amo", Rihanna ficou horrorizada em saber que uma das mudanças exigidas tivesse sido a proibição de beijo entre pessoas do mesmo sexo em novelas ou programas de TV voltados para a família.

Mas a maior batalha contra a censura ainda estava por vir.

O próximo single de Rihanna, "S&M", foi instantaneamente proibido em 11 países e nem entrou na programação da principal rádio britânica, a BBC Radio 1. Muitas estações temeram boicotes de ouvintes furiosos devido à letra explícita, então tocaram uma versão editada, rebatizada de "Come On".

Rihanna ficou irritada. "'S&M' agora se chama 'Come On'?", tuitou ela. "Estão de brincadeira!" O clipe recebeu tratamento igualmente rígido: uma versão curta e editada tocava nos canais musicais durante o dia, e o clipe completo era exibido apenas no horário considerado próprio para adultos.

Mas um canal de música, o WTF TV, ousou quebrar as regras e exibiu "S&M" às 11h25. O Ofcom se pronunciou convocando uma reunião de emergência. Choveram reclamações dizendo que a música era "totalmente inadequada" para ser exibida durante o dia. O WTF negou a existência de qualquer elemento pornográfico, alegando: "É artístico, e não obscuro ou sórdido." Mas, de acordo com o Ofcom, o clipe era perigoso por seu repetido "foco em sexo, *bondage* e práticas sexuais sadomasoquistas", observando que algumas cenas podiam ter "consequências perigosas caso fossem imitadas por crianças".

Porém, embora a revista *OK* tenha concordado que as imagens eram "tão quentes, bizarras e irônicas quanto esperávamos", Rihanna revelou: o clipe não era sobre sexo. "Estou tentando lidar com as críticas que recebi pelo que vesti em 'Umbrella'", explicou. "Para algumas pessoas, aquilo era chocante e sexy demais. Para mim, era totalmente natural. Com 'S&M', estou dizendo: 'Adoro o fato de vocês odiarem meu lado sexy! Esse ódio me dá energia! Adoro isso!'"

A diretora, Melina Matsoukas, confirmou: "O clipe fala da relação sadomasoquista de Rihanna com a imprensa. Não se trata apenas de um monte de chicotes e correntes."

O clipe reunia aquelas metáforas. Primeiro, Rihanna é arrastada a contragosto para uma entrevista coletiva. Ela luta o tempo todo, mas acaba gostando da atenção recebida quando fica diante de um grupo de jornalistas amordaçados, usando um vestido coberto de manchetes de jornais. Depois, integrantes da mídia são chicoteados, e, numa das cenas mais polêmicas, ela leva Perez Hilton — o colunista de fofocas sem papas na língua que as celebridades adoram odiar — numa coleira de cachorro. Ela também come uma banana de modo sugestivo, simula sexo com uma boneca e é fotografada com as pernas abertas em cima de uma mesa. Para a cena da banana, ela exigiu um "balde para cuspir" entre as gravações.

Porém, embora tudo tenha sido metafórico, Rihanna se divertiu um pouco demais nas gravações para ter sido algo apenas profissional. De acordo com uma fonte, ela e sua melhor amiga e assistente, Melissa Forde, se entregavam a cenas lésbicas e sadomasoquistas nos bastidores.

"O estilista encomendou 15 mordaças para os dançarinos, mas Rihanna as pegou e começou a fazer um ensaio fotográfico à parte com Mel", explicou a fonte. "Ela fingia chicoteá-la enquanto as duas tiravam fotos nos celulares e ainda levou para casa uma bolsa cheia de lembrancinhas das gravações."

Além disso, uma cena entre Rihanna e uma dançarina — aparentemente iniciada pela cantora — foi cortada do clipe por ser muito sexy. Ela certamente não estava com medo de testar seus limites.

Numa entrevista posterior ao *Sun* ela disse que, mesmo "S&M" sendo uma metáfora para saborear a atenção negativa que a mídia lhe dá, havia muito mais dela na personagem do que ela tinha admitido anteriormente.

"Gosto de assumir as rédeas de minha vida e de ser submissa na cama", ela deixou escapar à *Rolling Stone*. "Adoro sentir que sou de alguém. Adoro ser amarrada e apanhar... Posso ser uma dama e ter um homem que assuma a responsabilidade por mim. Isso é sexy. Trabalho muito e tomo várias decisões diariamente, por isso prefiro sentir a intimidade de alguém dessa forma."

E acrescentou: "Acho que sou meio masoquista. Não é algo de que eu me orgulhe e só me dei conta disso recentemente. Acho que é comum entre pessoas que testemunharam agressões em casa. Elas nunca sentem o perfume maravilhoso da rosa a menos que sejam espetadas pelo espinho."

Rihanna também perdoou o pai pelo comportamento que, segundo ela, gerara seu anseio por se sentir indefesa diante da violência de um amante. "Na verdade, eu me sinto muito mal pelo meu pai", explicou ela. "Ele também foi agredido e apanhava do padrasto quando era criança. Ele tinha ressentimento em relação às mulheres por achar que a mãe dele nunca o tinha protegido e, infelizmente, minha mãe foi vítima disso. Não estou justificando o que ele fez. Existe o certo e existe o errado. Eu ainda o culpo, mas entendo a origem de seu comportamento."

Enquanto isso, se ela também queria chicotes e correntes por parte dos ouvintes, não se decepcionaria. As críticas destruíram o clipe: para a acadêmica norte-americana Diane Levin, por exemplo, "S&M" "promove o que eu chamo de 'transtorno de déficit de compaixão', isto é, trata indivíduos como objetos e retrata o sexo e o comportamento sexual fora do contexto de uma relação humana afetuosa, consequentemente minando a base necessária às crianças para que tenham relacionamentos ou sexo saudáveis no futuro".

Porém, o PopJustice defendeu Rihanna: "Não é função de uma estrela pop ser babá das crianças do país." Ela não se preocupou muito com a repercussão, lembrando-se do comentário da diretora de que toda divulgação na imprensa era boa e que era fantástico ver a mídia discutindo o assunto.

Mesmo sendo fã da crueldade da imprensa, Rihanna não deve ter gostado dessa polêmica, especialmente quando se viu enfrentando um processo. A estilista Ursula Stephen alegou que Rihanna dera ótimas sugestões e contribuíra com "todo tipo de ideias loucas", porém, de acordo com o aclamado fotógrafo de moda David LaChapelle, as ideias foram todas dele.

O Radar Online foi o primeiro site a divulgar a suposta imitação, comparando o clipe a algumas fotos de moda feitas por David para a revista *Vogue* italiana. "Colocando lado a lado o trabalho anterior de LaChapelle e as imagens do clipe, as semelhanças são indiscutíveis, com cenários e roupas quase idênticos", disse a matéria. Em poucos dias, David entrou com um processo contra Rihanna e sua diretora pela cópia direta de cores, temas, composição, iluminação, estilo, figurino e conceito de oito de suas fotos. LaChapelle já tinha trabalhado com Rihanna, a quem conhecia bem, chegando a brincar com o site Radar: "Penso nela sempre que enfrento tempo ruim sem guarda-chuva." Mas ele não deixaria o sentimentalismo impedir seu pedido de indenização, e a batalha continuou.

Apesar das notícias ruins na imprensa e da desvantagem de praticamente não ter execução em rádio ou exibição do clipe nos horários de pico dos ouvintes e espectadores, a música chegou ao topo das paradas. E Rihanna tinha uma surpresa ainda maior para os fãs, quando perguntou para eles com qual celebridade eles gostariam que ela fizesse uma parceria. A resposta, com maioria esmagadora, foi Britney Spears. Após um curto silêncio cheio de suspense, Rihanna estreou sua versão "RIH" de "S&M", com a participação de ninguém menos que a própria Britney. Citando uma parte da música da amiga, Rihanna tuitou que tinha "uma colaboração sexy a caminho... *It's Britney, bitches!* [É a Britney, vadias!]", recebendo a resposta de Britney: "Você adora provocar! *I like it, like it...* [Eu gosto disso, gosto disso]".

Se a dica da letra de "S&M" no tuíte de Britney não ajudou, a dúvida foi esclarecida no dia 11 de abril, quando o remix chegou à internet. "Britney nunca faz participações nas músicas dos outros", contou Rihanna, orgulhosa, à rádio nova-iorquina Z100: "Foi realmente sensacional o fato de ela querer fazer parte dessa música. Ela gostou da canção desde o começo, mas quando teve de cantá-la foi outra história, e ela realmente quis participar. Foi muito, muito especial porque você não vê mais duas artistas pop cantando juntas." E Rihanna disparou: "Espero [que haja um clipe]. Quero dar uns tapinhas na bunda da Britney Spears!"

E ela não foi o único alvo da barbadiana. Dando uma folga para a persona sexualmente submissa, Rihanna também deu uns tapinhas de leve na cantora Ke$ha na vida real. Ke$ha, que considera Rihanna uma mentora, revelou: "Ela é muito elegante, gentil e poderosa. Eu a vi [recentemente], e ela me deu uns tapas na bunda, só para me deixar atenta! Ela é a mais pervertida de todas."

Fazendo questão de se colocar na longa lista de pessoas que gostariam de trabalhar com Rihanna — e, quem sabe, levar uns tapinhas no set de filmagem —, ela acrescentou: "Não sei o que ela aprenderia comigo, além de como parecer uma doida, mas eu definitivamente aprendi muito com ela."

Não contente com o furor causado por "S&M" e com o subsequente escândalo dos tapinhas, Rihanna já estava em busca de um novo single. Ela recorreu ao twitter, pedindo aos fãs para indicarem se preferiam "Fading", "Cheers (Drink to That)", "California King Bed" ou "Man Down". Embora "California King Bed" tenha obtido mais votos, Rihanna não resistiu à tentação de transformar "Man Down" em sucesso, lançando-a como single apenas nos Estados Unidos.

Ela foi de jatinho para a capital jamaicana, Kingston, considerada por muitos como o centro da cultura das gangues e ideal para dar a atmosfera perigosa exigida pelo clipe.

De acordo com o diretor Anthony Mandler, o enredo que ela tinha em mente parecia chocante e intenso, e ele não estava enganado. Longe de ser apenas levemente incendiário, o clipe seria um escândalo completo. Logo nos primeiros segundos, Rihanna puxa o gatilho e atinge uma vítima aparentemente inocente com um tiro mortal no meio de uma estação de trem lotada.

O mistério por trás dessa raiva é revelado logo a seguir, num *flashback* que mostra Rihanna chorando na rua após um estupro implícito. Troque as palavras "agressão sexual" por "agressão física", e essa parecerá uma reconstituição pós-traumática de sua divulgadíssima briga com Chris Brown. No clipe, assim como acontecera na vida real, ela flerta e conversa com seu agressor minutos antes do acontecimento e, quando tudo toma um rumo sombrio, Rihanna é abandonada sozinha e vulnerável na estrada.

O clipe mostrando a vingança brutal de Rihanna foi lançado para o público norte-americano no dia 3 de maio de 2011. Será que jovens fãs impressionáveis que também foram agredidas copiariam a história fictícia de Rihanna e fariam justiça com as próprias mãos? Essa era a pergunta que não queria calar para muitos.

De acordo com Paul Porter, cofundador da organização Industry Ears, que proíbe imagens potencialmente nocivas na mídia, o fato de Rihanna ter sido agredida não é desculpa para a reação dela. "Se Chris Brown atirasse numa mulher em seu novo clipe, o mundo pararia", disse ele num comunicado. "Rihanna não devia ter autorização para isso." Ele acrescentou que, em trinta anos dirigindo sua empresa, "jamais testemunhou uma execução de assassinato tão fria e calculada no horário nobre".

Na verdade, embora as autoridades pudessem estar dispostas a ignorar a música enquanto ela estava escondida no álbum, não haveria como isso acontecer quando ela viesse acompanhada de um clipe provocante no horário nobre da TV. O Parents' Television Council também argumentou que o clipe defende o "assassinato premeditado" como retaliação para um crime e faz esse comportamento parecer aceitável. Mesmo com Rihanna mostrando arrependimento por ter perdido "the cool" [a linha] na letra.

Mas o diretor Anthony Mandler não pediu desculpas. Ele queria um vídeo que se igualasse a "Russian Roulette" no quesito polemica, e, dado seu histórico relacionado aos videoclipes com Rihanna, isso parecia ser uma tarefa e tanto. Ainda assim, ele acredita ter tido sucesso, descrevendo o resultado como "dramático, chocante, intenso, emocionante, edificante e instrutivo".

Segundo ele, a indústria na verdade implorava por descrições corajosas e sem barreiras de situações da vida real, não importa o quanto fossem sangrentas, e citou o clipe de "Janie's Got a Gun", do

Aerosmith, como uma de suas inspirações. Mandler disse ainda à MTV: "É minha canção favorita gravada por ela... É uma dessas músicas que exige uma narrativa forte e visual, e Rihanna me deixou ir até o fim com isso."

Pode parecer injusto que outros tiros fatais da música pop não tenham atraído tanta atenção. Por exemplo, nos liberais anos 1960, "Hey Joe", de Jimi Hendrix, foi composta. Nela, um homem atira na esposa infiel e isso parece ter passado pelos censores sem qualquer problema. Enquanto isso, em tempos modernos, Rihanna enfrentou toda a força do repúdio da mídia.

Ela também mostrou uma postura desafiadora. Para Rihanna, ela estava apenas sendo uma voz para os jovens, ousando dizer o que outros artistas pseudocertinhos tinham medo de falar. Numa entrevista à MTV, ela insistiu que se tratava de "arte com uma mensagem" e sem barreiras.

Em seguida, ela tuitou uma série de mensagens defensivas, alegando: "Sou uma estrela do rock de 23 anos *sem filhos*! Por que todos querem que eu seja mãe? Sou apenas uma garota, posso ser apenas a sua/nossa voz! Afinal, todos nós sabemos como é difícil/embaraçoso falar de assuntos delicados com alguém, especialmente com seus pais! É por isso! Porque nós damos a outra face! Se você esconder seus filhos da sociedade, eles nunca aprenderão a se adaptar! Este é o mundo real!"

Chris Brown, por sua vez, não precisou mais tremer na base diante da perspectiva de assassinato a sangue-frio quando ela finalmente esclareceu à Black Entertainment TV: "Já fui agredida no passado e nem por isso saí por aí matando gente nas horas vagas!" Chris pode ter respirado aliviado, mas para Rihanna a pressão não parou. Essa foi sua segunda música seguida a receber muitas críticas, e, embora toda a atenção tenha sido satisfatória a princípio, a necessidade de se explicar o tempo todo estava rapidamente deixando-a cansada.

Porém, Anthony Mandler estava ao lado dela e adorou o fato de Rihanna ter se juntado a ele em sua jornada em prol da polêmica: "O vídeo está fazendo exatamente o que Rihanna e eu esperávamos: lançando uma luz sobre um assunto muito sombrio... O fato de haver uma discussão a fim de proibir o clipe porque ele faria as garotas retaliarem agressões com assassinato é não querer ver o que realmente importa", disse ele ao *Hollywood Reporter*. "Obviamente, enquanto país, temos um assunto importantíssimo com que lidar."

Ele disse ainda que artistas modernos estavam "desperdiçando" uma oportunidade de falar sobre o que há de errado na sociedade através de clipes, citando como inspiração os trabalhos sem meias palavras de Madonna no início da carreira. Mandler também falou em tom provocador que ele e Rihanna se contiveram para não fazer o clipe tão dramático quanto queriam originalmente e que por isso ficaram surpresos que ele tenha ofendido alguém.

Em outra virada intrigante na história, uma famosa vítima de estupro juntou-se à discussão. A atriz do filme *Cadillac Records*, Gabrielle Union, entrou em cena para defender o clipe de Rihanna, revelando no twitter que tinha atirado num homem de apenas 19 anos após ter sido estuprada durante um assalto a sua casa. "Durante meu estupro, atirei no estuprador, mas errei o alvo", tuitou ela. "Ao longo dos anos eu percebi que matar o estuprador pioraria ainda mais a situação. O desejo de matar alguém que agrediu/estuprou você é compreensível, mas a menos que seja autodefesa no momento para salvar a própria vida, isso apenas aumenta o seu problema."

Mesmo assim, ela elogiou "Man Down", dizendo que o clipe "fez um ótimo trabalho ao fazer o mundo inteiro falar sobre estupro! Espero que isso ajude a preveni-los".

A própria Rihanna tinha uma história semelhante para tuitar, insistindo que a mensagem do clipe para os jovens era de que eles deveriam ter cuidado, a fim de evitar a violência, e fortalecer a si mesmos, prevenindo-se. "Jovens e mulheres do mundo... Somos muitas coisas!", escreveu ela. "Somos fortes, inocentes, divertidas, paqueradoras, vulneráveis, e, às vezes, nossa inocência pode fazer com que sejamos ingênuas! Sempre achamos que *nunca* acontecerá com a gente, mas na verdade pode acontecer com *qualquer* uma de nós! Por isso, meninas, tenham cuidado!"

Por mais que Rihanna tivesse lutado contra ser uma figura materna e um modelo de comportamento, ela parecia estar se transformando exatamente nisso, e, espera-se, com ótimos resultados. Além disso, ela provou aos fãs que coisas ruins podem acontecer com qualquer um, como revelou em entrevista dada à CNN, gravada dois anos antes, sobre a agressão que sofreu. Na ocasião, ela falou que devido à repulsa que sentia ao ver a mãe ser espancada, ela sempre achou que jamais se permitiria ser vítima do mesmo destino, até se apaixonar. O objetivo era provar que ninguém estava imune, não importa o quanto fosse famoso, autoconfiante ou bem-sucedido. Para ela, era questão de uma doença chamada amor, que pode afetar qualquer pessoa.

Rihanna também negou as acusações de que o clipe levaria jovens vítimas a matar. De acordo com a cantora, o assassinato em "Man Down" é na verdade uma metáfora que fala em matar um amante por partir seu coração. Para ela, a dor de um caso de amor que chega ao fim é tão real e autêntica quanto um tiro de verdade. Ela também não parecia estar apenas se protegendo com essa interpretação, pois já tinha flertado com metáforas de vida e morte em "Unfaithful", cuja letra fala que colocar uma arma na cabeça do namorado seria mais gentil do que prolongar a agonia que seria vivida por ele quando soubesse da infidelidade dela.

Apesar de todas as negativas, Rihanna admitiu ter sido seduzida pelo "clima bandido" e glamouroso de "Man Down", indicando orgulho das referências a atirar em alguém na vida real, no fim das contas. 'Man Down' é bandida", revelou ela alegremente à MTV. "Ela surgiu quando tentei conseguir esse clima."

Além disso, embora Rihanna tenha experimentado vários estilos musicais em sua carreira, seus comentários subsequentes dados com um forte sotaque das Antilhas não deixaram dúvidas sobre a quem ela era leal. Ela levantava a bandeira do Caribe: "O reggae me inspira muito. Cresci ouvindo isso, cresci amando isso. Meus artistas favoritos são todos de reggae", explicou. Defendendo "Man Down" ainda mais, ela acrescentou: "O que tem de especial nessa música é o fato de ser uma mulher cantando essa letra, então você tem esse lance do reggae e a canção; o clima da música é muito bandido... tem muita arrogância."

Essa sensação foi percebida pelo *Los Angeles Times*, que criticou o single dizendo: "'Man Down' reafirma a cadência caribenha dela com uma balada arrogante de assassinato que é impossível não ouvir como um aviso diretamente voltado para as rádios, mirando 'Deuces', de Chris Brown."

Todo o drama certamente gerou publicidade. Com uma semana de lançamento, o clipe já havia atraído mais de 12 milhões de visualizações no YouTube, mas o single teve um mau desempenho nas paradas, com as vendas parando num modesto 61º lugar na parada Hot 100 da *Billboard* norte-americana, embora tenha ido melhor na parada Hot R&B/Hip Hop Songs, onde alcançou o 13º lugar.

Alguns especularam que o forte tom de vingança da música pode ter afastado os ouvintes depois do pico de interesse inicial devido ao choque causado pelo clipe. Outros argumentaram que o forte sotaque das Antilhas e o som não ocidental podem ter sido os responsáveis pelo fracasso. Talvez tenham sido mesmo, afinal o ex-colega da escola Combermere, Paul Browne, não havia expressado preocupação que embora o reggae fosse muito popular em Barbados, seria difícil atrair um grande público no mundo? Mas Rihanna foi teimosa e seguiu sua intuição. E a maioria de seus fãs leais respondeu de forma positiva.

Ironicamente, contudo, embora algumas pessoas tenham ficado horrorizadas com a audácia de Rihanna, que rapidamente virara um ímã de escândalos, outros argumentaram que ela não estava sendo suficientemente polêmica. Enquanto "Man Down" tocava nas rádios e TVs norte-americanas, o resto do mundo se contentava com "California King Bed", uma canção mais suave e com elementos levemente country, que trata do fim do relacionamento de um casal que se afastou emocionalmente aos poucos.

Decepcionados, alguns fãs europeus disseram que a decisão tinha significado fugir da briga, pois eles esperavam a Rihanna ousada que tanto amavam. Eles consideraram "California King Bed" uma escolha comportada, argumentando que uma música tão audaciosa como "Man Down" representa Rihanna como artista, alguém que construiu sua imagem desafiando as normas da sociedade e que nunca teve medo de correr riscos. Parecia que ela jamais conseguiria agradar a todos: era considerada ofensivamente controversa ou careta e pouco polêmica.

Os fãs devem ter ansiado muito por algo tão direto quanto a música sobre "assassinato a sangue-frio" — que, para a alegria deles, não é exatamente uma canção de amor tradicional —, mas, de acordo com Anthony Mandler, que também dirigiu o clipe de "California King Bed", Rihanna estava apenas mostrando outro lado de sua personalidade. "Ela obviamente queria mostrar um lado mais suave, mais leve... Ela tem essa variedade", contou ele à MTV. "Não importa qual personagem ela esteja interpretando, qual lado esteja mostrando, ela está sempre totalmente envolvida naquilo."

Arriscar fazer algo diferente deu certo. Após o lançamento em 13 de maio, a faixa chegou ao oitavo lugar no Reino Unido, ao quarto na Austrália e ao quinto na Nova Zelândia.

Mas não demorou muito para ela irritar novamente alguns fãs ao começar um diálogo com Chris Brown. A ordem de restrição que os obrigava a não se aproximarem um do outro expiraria em 22 de fevereiro, bem a tempo de ambos se apresentarem na entrega dos Grammy, mas será que era só isso? De qualquer modo, a dupla voltou a se comunicar.

Revistas de fofocas como a *Heat* publicaram que eles tinham se encontrado secretamente em hotéis de Nova York, como o Gansevoort. Os boatos ganharam mais força aos olhos dos leitores quando eles descobriram que os dois tinham começado a seguir um ao outro no twitter. O contato foi iniciado por Rihanna logo após o lançamento de "California King Bed", levando a uma especulação de que ela ainda estaria apaixonada. Chris retribuiu a atenção mandando uma mensagem para a ex-namorada, perguntando: "Você recebeu aquela foto que eu te mandei?"

A multidão de fãs respondeu indignada. Uma delas escreveu: "Nunca pensei que você fosse voltar para ele! É melhor não fazer isso. A vida é sua, mas existem pessoas que se inspiram em você, leia-se: jovens meninas", obrigando Rihanna a se defender: "É só a droga do twitter, não um altar! Calma." Depois ela se arrependeu, tuitando: "Querida, desculpe. Não quis magoá-la ou ofendê-la. Só precisava esclarecer..."

Alguns especularam que Chris tinha segundas intenções ao retomar a amizade com Rihanna, tentando conseguir apoio ao parecer ter sido perdoado pela agressão bem a tempo de divulgar seu novo single, "Beautiful People". Outros acharam que ele estava tentando retomar o romance, e, como o ataque acabou com o relacionamento muito rapidamente, eles talvez ainda tivessem assuntos a resolver.

A MTV parecia jogar lenha na fogueira quando seu site canadense publicou uma mensagem supostamente escrita por ela no twitter, dizendo: "Eu admito. Eu provoquei Chris [Brown] para que ele me batesse. A culpa não foi só dele. Peço desculpas." Furiosa, Rihanna foi imediatamente ao twitter esclarecer tudo: "Vocês estão de brincadeira? Vocês deveriam ser uma fonte confiável de informações sobre música, e publicam essa mentira?"

Não surpreende que Rihanna estivesse sensível. Ela estava sendo processada de novo, agora pelo fotógrafo Philipp Paulus, que, assim como David LaChapelle, acusou Rihanna de plagiar imagens feitas por ele para a revista *Paperworld* no clipe de "S&M". O advogado dele lançou um comunicando explicando a ação a ser tomada: "Os direitos autorais de nosso cliente foram infringidos, e a exploração mundial e milionária do clipe "S&M" é ilegal... [e] Paulus entrará com um processo contra Rihanna."

Paulus mostrou irritação numa entrevista à revista *Radar*: "O fato de uma celebridade mundial não poder bancar um diretor capaz de elaborar conceitos e encenações originais é incompreensível para mim... Para conseguir criar algo novo dentro do cosmos criativo, você só pode esperar que venha de um verdadeiro gênio, não tenha dúvida. Nesse caso, não existe o verdadeiro gênio criativo que criou o trabalho; em vez disso, roubaram ideias de outra pessoa. Além do mais, todo profissional de criação deve perceber o quanto é incrivelmente vergonhoso copiar o trabalho de colegas do mundo artístico e ser elogiado por isso."

Se ela não tinha ficado envergonhada até então, certamente ficou depois dessa declaração. Para completar, havia todo o drama com Chris, algo que ela esperava ter deixado para trás há muito tempo. Como se estivesse sentindo o peso da disputa, Rihanna caiu de joelhos diante de 16 mil pessoas, tropeçando no salto enquanto cantava "What's My Name?" na Rexall Place Arena, em Edmonton, Canadá, em 22 de junho.

Porém, independente de o status de Rihanna em relação a Chris agora ser de amiga, conhecida ou namorada, ela parecia ter superado o trauma da agressão, e, apesar dos problemas com a mídia e com a lei, sua carreira estava a todo vapor.

Nesse meio-tempo, Rihanna também fez uma parceria pela segunda vez com Nicki Minaj, na música "Scared to Be Beautiful". Ironicamente, para quem foi abençoada com aparência de modelo, Rihanna — como Lady Gaga — ainda achava a beleza "entediante". Não só ela tinha o desejo de ser ousada e audaciosa, em vez de bonita e feminina, como também tinha suas inseguranças, as quais gostaria de dividir com os fãs jovens e impressionáveis para demonstrar que, por trás do status de diva, ela sofria com problemas de imagem corporal exatamente como eles. Nem mesmo uma equipe de estilistas, com a qual Rihanna frequentemente brincava dizendo que eles tinham "enganado" o mundo fazendo-a parecer sexy, conseguia remover a ocasional insegurança.

"A letra dessa música fala de uma jovem que retira os espelhos de casa porque não suporta olhar para si mesma. Isso realmente acontece", explicou ela. "Odeio o fato de as garotas crescerem dessa forma. Tenho meus problemas por baixo dessas roupas. A celulite é uma realidade para mim, assim como para a maioria das mulheres. Eu costumava me preocupar muito com minhas coxas, mas aprendi a me aceitar como sou."

No passado, Rihanna sempre quis exalar confiança e força, evitando que seus inimigos a vissem como vulnerável. Porém, sua força máxima acabou sendo não ter medo de ser sincera, nem de expor seus medos, percebendo que isso não fazia dela uma pessoa menor. Para ela, esse era o verdadeiro símbolo de bravura: admitir que às vezes não era forte. Rihanna não queria que os fãs vissem uma falsa imagem de perfeição e julgassem sua própria aparência por conta disso. Ela queria ser transparente quanto aos problemas, e, à medida que ganhasse confiança, os fãs cresceriam junto com ela.

Houve preocupações de que Rihanna fosse anoréxica, especialmente quando entrevistas dela geravam manchetes como: "Carboidratos são o inimigo". Apesar de ter histórias para contar sobre um regime rigorissíssimo de dietas e exercícios e uma fobia de alimentos com alto teor de gordura, em 2011 Rihanna definitivamente voltou a ser confiante. Ao descobrir que a modelo Kate Moss tinha dito ao mundo: "Nada é tão delicioso quanto a sensação de ser magra", ela afirmou indignada ao *News of the World*: "Não acredito que ela tenha dito isso. É uma loucura. Amo comida porque sou de Barbados." E continuou: "Se eu fosse modelo de passarela, seria considerada gorda, o que é ridículo."

Para demonstrar o aumento da confiança em relação ao próprio corpo, Rihanna quebrou a promessa de nunca mais posar nua, aparecendo totalmente ao natural para a campanha de aniversário de 100 anos da Nivea.

Não só Rihanna ficou mais confiante, como estava no ápice financeiro. Ela comprou uma casa de £7 milhões no exclusivo bairro residencial de Bel Air, em Los Angeles, tendo vizinhos famosos como Lady Gaga.

A propriedade de quase mil metros quadrados tinha pista de dança, cinema particular, spa de luxo, piscina, sauna seca e a vapor, uma imensa biblioteca e grandes varandas abertas. Também havia closets, onde sua imensa coleção de sapatos era orgulhosamente exibida. A casa tinha oito quartos e 12 banheiros, e também era um local perfeito para festas, pois devido à localização isolada, Rihanna podia aumentar o volume do som em seus dias de folga sem medo de perturbar os vizinhos. Bem diferente do passado, quando vizinhos implicavam com ela por cantar no chuveiro em Barbados.

Rihanna também tinha suas credenciais. Tendo parcerias com Britney e Nicki Minaj no currículo, ela também entrou em estúdio para gravar com Katy Perry. Contudo, havia uma parceria planejada que ela esperava que fosse dar um fim aos boatos de desavença de uma vez por todas: Beyoncé.

Uma fonte fez novas acusações à revista *Look* sobre Rihanna ter sido um dos motivos para uma suposta crise no casamento de Beyoncé e Jay-Z. "Beyoncé achava que Jay-Z passava muito tempo aconselhando Rihanna", alegou a fonte. "Rihanna recebe muitas músicas sexy que seriam sucessos garantidos para a Beyoncé, mas me parece que a Beyoncé nem tem chance de olhar para essas músicas, porque Jay-Z não quer que as pessoas vejam a esposa dele de forma sensual."

Mas os fofoqueiros de plantão morderam a língua quando saiu a notícia de que Rihanna e Beyoncé tinham entrado em estúdio juntas. O dueto secreto apareceria no próximo álbum de estúdio de Beyoncé.

Apesar de acumular sucessos desde o incidente com Chris Brown, ainda era importante para Rihanna que as pessoas não a julgassem por aquela noite. O perfume com sua assinatura, Rebel Flower, era a cereja do bolo para mudar isso. Não só Rihanna tatuou "Rebelle Fleur" no pescoço para marcar seu status de superestrela linda, porém forte, como também ajudou a pesquisar a fragrância perfeita e digna de levar seu nome.

"Ao longo dos anos, misturei vários aromas diferentes para obter algo realmente meu", explicou ela sobre o perfume. "Mas eu queria algo que dissesse 'Rihanna esteve aqui'. Algo delicioso e especial, uma fragrância com traços sutis marcantes que deixam uma lembrança sexy."

Não havia a menor possibilidade de as lembranças não serem sexy: os anúncios para promover o perfume mostravam a pele de Rihanna sendo acariciada por várias mãos masculinas. A fragrância também representava suas lembranças de infância: os aromas florais e de frutas, sinônimos de suas raízes caribenhas, e as notas de fundo de baunilha e âmbar para acrescentar sensualidade.

Longe de ser vista como vítima, Rihanna esperava deixar apenas uma afirmação que ninguém ousaria questionar: o aroma permanente da rebeldia.

Este livro foi composto na tipologia Minion Pro,
em corpo 11,5/16,6 e impresso em papel off-set 90 g/m^2
no Sistema Cameron da Divisão Gráfica
para a Distribuidora Record